教育世界的萤火虫

——一名教育工作者的人生观察笔记

王晶晶　著

ZHEJIANG UNIVERSITY PRESS
浙江大学出版社
·杭州·

图书在版编目（CIP）数据

教育世界的萤火虫：一名教育工作者的人生观察笔记 / 王晶晶著. — 杭州：浙江大学出版社，2023.7
ISBN 978-7-308-23920-2

Ⅰ. ①教… Ⅱ. ①王… Ⅲ. ①中小学教育－教育研究
Ⅳ. ①G632.0

中国国家版本馆CIP数据核字（2023）第105599号

教育世界的萤火虫——一名教育工作者的人生观察笔记

JIAOYU SHIJIE DE YINGHUOCHONG——YIMING JIAOYU GONGZUOZHE DE RENSHENG GUANCHA BIJI

王晶晶　著

策划编辑	陈丽霞
责任编辑	丁佳雯
文字编辑	胡宏娇
责任校对	徐娅敏
封面设计	周　灵
出版发行	浙江大学出版社
	（杭州市天目山路148号　邮政编码310007）
	（网址：http：//www.zjupress.com）
排　　版	杭州晨特广告有限公司
印　　刷	杭州宏雅印刷有限公司
开　　本	710mm×1000mm　1/16
印　　张	13
字　　数	190千
版印次	2023年7月第1版　2023年7月第1次印刷
书　　号	ISBN 978-7-308-23920-2
定　　价	48.00元

序

教师的专业发展是一个历久弥新的话题。

在一个对教育越来越重视的时代，关于教师专业发展的理论研究与实践探索，早已成为一个既深且广的领域。

1. 教师专业发展的起点。从教师培训的角度来看，教师专业发展表面上看是从大学启动的，延续到走上教师工作岗位的职业培训。而实质上这个工作启动得更早，从孩子进入幼儿园开始，教师言行举止等所呈现出来的一切，都构成对教师专业的理解。幼儿能朴素地说出什么样的老师才是一个好老师，"像妈妈一样"。这一切都在给幼儿上一堂关于教师职业的启蒙教育课，可能对他今后的教师生涯产生影响，如果他将来成为一名教师的话。我们可以把前者看作显性课程，把后者看作隐性课程。不能否认，有时候隐性课程的影响更为深远，因为它是潜移默化的，浸润式的东西不易改变。所以从这个意义上说，师德师风建设的重要性，我们怎么强调都不为过。每个教师既在培养学生，同时也在塑造着未来的教师。

2. 教师专业发展中的精神世界。怎样才是教师最好的专业发展？这个话题的背后是对教育的理解，本质上更是对学生发展的理解。我们都知道，学生的发展受很多因素的影响，譬如个体主观能动性、家庭教育、学校教育、同辈群体等。学校教育中教师的影响力就比较大，特别是在学生成长的关键期，譬如幼儿期、青春期。学前教育直接影响孩子对十几年学校生活的认知，中学时代直接影响孩子对整个人生的认知，好的教师一定能够唤起而不是泯灭学生对未来生活的向往。通俗地说，就是这个学生"遇到了贵人"，人生突然被点亮了，这大概是我们对"好教师"最直白的解读。

当我们去追溯教师对学生进步产生影响的深层次原因时,我们就会发现这些原因五花八门:譬如这个老师的上课水平非常高,突然把学生的思路打开了,让学生找到了学习方法;譬如这个老师对学生关爱有加,在学生最脆弱的时候给了很大的支持。但无一例外,都是师生之间的精神世界产生了链接和共鸣。

那么这个链接和共鸣怎么产生? 不能否认,在经过长期系统的专业培训之后,教师"站稳讲台"的能力在不断提升,而随着学生学习、成长的压力不断增大,学生对教师的精神世界的要求也就越来越高。这就跟生活水平的提高是一个道理,当物质条件被满足之后,人们对精神生活的要求也越来越多、越来越高。

教师应拥有丰富的精神世界。这个丰富的精神世界包括但不限于:对人性的尊重与理解、对世界的敏锐感知、灵动的思想、积极进取的精神、对学习的热爱、对未知的探索欲等。当一个人有了丰富的精神世界,才能对学生的成长有更好的解读,进而更易产生尊重、理解、宽容和包容。而这一切,对于成长中的学生而言,就显得尤为重要,这也许是产生链接和共鸣的基本要素。

3. 教师精神世界的培育。前面说过,教师精神世界的培育,是从小就开始的,这个取决于社会、学校所提供的成长环境。在此基础上,"读万卷书,行万里路"从来是丰富精神世界的不二法宝。"读万卷书",对于教师而言,专业书籍当然是必选的,除了学科教学书籍,哲学、教育学、心理学等名著尤为重要,它让我们更接近教育的真谛,把握教育的内在规律,照亮我们对培养人这一根本目标的寻求之路。而涉猎性作品,譬如小说等,则可以借作者的视角看到人生的多样性,为我们解读学生发展提供更为广阔的思路。

"行万里路",对于教师而言,则是要去看别人的学校、别人的课堂,把握教育教学的丰富性;要去看企业、乡村,从人才发展与需求的层面去倒推我们应该怎么来培养人才;要去看别人的城市、学校之外的社会,了解是怎样的历史渊源和风土人情造就的这个教育底蕴。

有次我无意中读到我市一名教师写的一本书,她写去乡村送教,与乡村教师面对面,"我有些拘谨,我唯恐我从城市来的身份会造成同仁们潜意识中的隔膜,更担心会给大家带去压力"。这句话是如此打动我,以至于我立马断定这是一位好老师,而后来了解到的事实也的确如此。还有一次外出培训返程时,我与一位校长相邻而坐,他在反思把孩子送出去读书是否值得,"我错过了这几年陪她一起成长的时间"。他伤感的神情让我记忆犹新,一位能如此珍视孩子成长、善于反思的校长,必然是一位好校长,而事实也同样如此。成为一位拥有丰富精神世界的老师,眼中有"人"、心中有爱、情感丰富,这很重要。

本书的相关内容,是从一名教育工作者的角度审视生活与人生,思考教育的意义与价值,同时也是对作为教育工作者专业发展的自我审视。既是亲历者视角,也是旁观者思考。希望我们都能找到对教育工作更丰富的解读。

本书获宁波幼儿师范高等专科学校(宁波教育学院)"王晶晶教授工作室"、教育培训研究所建设经费支持。

写于 2022 年 10 月 1 日

目　录
CONTENTS

第一篇章
学校生活的意义

虽说学校是个"读书"的地方，但很多成年人谈起学校，说得更多的是同学、老师及各种趣事。所以比起学校，我更喜欢用"学校生活"这个词。从时间上来说，学生把十多年来每一天的大部分时间都交给了学校。一个人的成长受诸多因素的影响，学校教育在其中起着主导作用，其作用自然不可小觑。

在这十多年时间里，学生历经童年、少年、青年初期。这里是他们成长的场所，他们在这里学习、生活，每一个阶段都富含活力，充满变化，又与未来人生息息相关。他们的教育底蕴、人生态度、社交圈子、兴趣爱好、习惯养成都在这里孕育。与其说他们难忘学校生活，不如说他们无法割舍人生的一部分。

我们没有理由不呵护珍惜。

学校是"滤镜下的社会"。伟大的教育家杜威曾说过，"学校即社会""教育即生活"。不少专家学者，如谢维和教授从班级的规模、规范、制度方面进行论证，学校是一个"微观社会系统"，"从理论和实践上看，将班级作为一种社会初级群体更适合一些"，班级是特殊的社会组织。用时下流行的词语，我以为学校是"滤镜下的社会"。学校的氛围"滤去"了社会比较残酷的部分，悉心营造出呵护、适合成长的环境，这是专为未成熟的犹如幼苗般的未成年人提供的。学校是个体走向社会的过渡、缓冲和铺垫，所以我们不能忘记学校"呵护成长"这个任务，这就是我们为什么要时刻强调师德师风的重要性。同样我们也不能忘记学生终究要走向社会这一目标，这就是我们为什么要时刻强调"教书育人"的意义。

获得成长的力量，夯实发展的根基。走进学校成为一名学生，孩子从此开始认识世界。在学习上，体会到困难、压力与成功的喜悦；在生活上，感受到老师的权威和同龄人之间特有的快乐或不友好。如果都顺利的话，那么学生会逐渐喜欢上这样的学校生活。但显然几乎所有人都曾经历各种烦恼和痛苦，甚至厌学乃至产生极端行为。这些问题的背后，有些是因为学业压力，还有些是因为校园欺凌，有些是因为家庭原因。他们可能因为遇到一个好老师、好同学或者通过自身修炼而被治愈，可能爆发，也可能隐入心灵深处成为阴影，这阴影甚至可能波及成年乃至贯穿一生。

所以，我们提供学校生活要特别小心谨慎。首先，我们要尽可能营造良好的成长环境。伟大的苏联教育家苏霍姆林斯基甚至把校园绿化都考虑了进去，"考虑了每棵花木、每朵花所能赋予人的精神生活的某种审美和情绪色彩"。这是因为学生还处在一个不成熟的、成长中的稚嫩的状态，我们必得小心呵护。我们还应该考虑到学生在成长中常常要寻找一个自己未来的模板，而事实上，现在我们经常提到的类似"原生家庭"的概念，其实也是在提示成长环境的深远影响力。所以我们希望学生感知到的成人世界，特别是教师成人世界，应该是充满耐心关爱、通情达理、有专业权威但不唯我独尊的。我们希望学生经历的学校生活，是丰富的、友好的、充满乐趣和令人留恋的，我们希望学生在学校生活中所获取的，是能成为滋养一生的力量。

其次，我们要尽可能引导学生培养能力。客观地说，学校不是一个真空地带，成长的各种疼痛依然存在，包括家庭带来的、学习带来的、人际交往带来的。一些在成年后不值一提的疼痛在当时可能会让稚嫩的心灵感到无力承受。所以成长一定包括学会"直面成长的疼痛"，同时还包括"迎接未来社会挑战"的能力。那些被学校环境"淡化"或"过滤"掉的东西，未来还是会遇到。譬如处理游戏与工作的关系、处理恋爱婚姻的问题，都是学校生活应该提供帮助的部分。

老师、家长需要引导并帮助孩子获得"直面"的能力，而不是逃避。当考试成绩不好时，要引导孩子应对失败或者挫折；当同学关系不好时，要引导孩子如何与不同个性的人打交道；当孩子心情不好时，要引导孩子正确表达情绪。在这个过程中，家校合作尤为重要，教师要帮助家长了解其中的意义。和一个爱调皮捣蛋的同学做同桌，怎么处理比较妥当；当孩子不喜欢这个老师，又怎么处理比较妥当；等等。学生长大后同样会遇到类似的情况，譬如不好相处的同事或者领导，现实生活中绕不过去的问题，应提早在学校生活中尝试学习解决的办法。所以从这个层面来说，我对家长提出要换同桌、换班级之类的做法持审慎态度。但家长和教师也一定要倾听并尊重孩子的真实感受，共同寻求解决问题的办法。从孩子成长的角度而言，这些都是成长中需要学习的内容，也是家校合作中需要跟家长传递的信息。

每一个阶段都应该幸福快乐。我们经常有个误区，就是把人生分成几个截然不同的区间，譬如现在好好读书，将来就可以享福；现在你要听我的话，将来你可以自己做主。可问题在于你现在好好读书了，将来并不一定能获得享受幸福的能力；现在听话了，将来也不一定就会有自己做主的能力。对孩子成长中的异性交往问题简单粗暴地处理，导致孩子产生逆反心理，甚至将来失去恋爱的能力，类似案例也不鲜见。非此即彼、线性思维不应该是学校教育应有的态度。发散性思维、多样化选择，让孩子感受、享受每个阶段成长的多种快乐，因势利导、顺势而为，才是学校教育应该做的工作。譬如实行班干部轮换制，让每个孩子学习如何领导别人和受别人领导；实行班级事务共担制，强化团队责任意识与主人翁精神。

记住苏霍姆林斯基说过的名言："凡事总要循序渐进，井井有条，凡在青少年时期丢失的，事后就永远无法弥补。"

我是小学生家长

童年时光是很让人怀想的。但，如果真有一条时光隧道，让你回去，你干枯稀少的黄头发会变成乌黑可爱的羊角辫，你的脸刹那如成熟的水蜜桃般讨人爱，你愿意吗？想必很多人是要欢呼的。但若要大家从小学一年级读起，再读上十几年，那肯定不愿意了吧。哈哈，我也是这么想的。但是，当你是小学生家长的身份，这就成了时光隧道，你会发现，你又重返童年了，但遗憾的是，不包括恢复青春容颜。

女儿在幼儿园时，和别人聊起，对方一般不说女儿幸福，而说，你真幸福。女儿上小学了，对方又言简意赅地说，你要苦了。当时，我很纳闷这种说法，女儿的生活，怎么感受的是我。

女儿成为小学生后，我很少对她的学习施加压力。因为我觉得，孩子的童年，快乐更重要，为人品性更重要。但是，不过问是不可能的，最起码作业是要签名的。有时，不止签一个，听写要签、背诵要签、订正要签、试卷要签、通知要签。估计明星遇到"粉丝"讨签名也就这种架势，且家长绝不敢不签。明星一般都专门练过签名，可以把名字写得龙飞凤舞的。我每签一次，内心总不胜自责，读了那么多年的书，为何没想到在签名上下点功夫。瞧这签得，毫无美感！

女儿有不懂的问我，我都建议她自己找解决办法，譬如，查字典、问同学。再没法子，我才帮她。一般情况下是不费吹灰之力，但也有我吃力的时候，譬如用"卉"组两个词，我就蒙了。有时，作业上明明打着叉，我却愣是看不出错在哪里。等她爸爸回来，两个人一起讨论都没结果，只好建议孩子找老师要答案。女儿没明说什么，估计心里是对父母起了点疑心，譬如他们名牌大学的文凭会不会有假。

最近女儿开始学应用题，我的苦日子算是开始了。记得我读小学时，应用题总做错，中学时学理科也很吃力。那时，父母这么鼓励我：你再努力几年，高二文理分科就可以轻松些了。我真是盼星星盼月亮熬到了高二，果然，成绩就数一数二了。没想到，过了二十年，这噩梦又开始了，而且，是刚刚开始。有时，女儿问我，什么池塘要种几棵树，每隔几米种桃树,中间几米夹柳树夹梨树的。因为必须用她学的方式解题,加上我功底差劲,就干脆在纸上画池塘画树,嘴里恨恨不已:谁这么烦,种树还"嘎多"(这么多)花样,再说我又不去当花农! 女儿一脸怪异地看着我。亏得女儿学习还不错,很少来问我,否则真要把我烦死。有次听一博导讲课,说起他的孩子的作业,也叹苦,并当场写出题目,结果,众人答案不一。他的一番自嘲,让我总算有点安慰,找到一个台阶下了。

那日睡在女儿身边,早上,女儿醒来说,梦里试卷来不及做完。我说,真巧,我也梦到考试了,比你还要惨,明明感觉会做的,但就是写不出来,急得来!

哎,这就叫梦回童年。现在就梦到考试做不出来,等到女儿读中学还不知要做什么梦呢。孩子的童年,我的第二个童年!

(刊于 2006 年 3 月 6 日《宁波晚报》)

瑶瑶著，妍妍绘图

瑶瑶是我大学好友的女儿，她还是小不点儿的时候，我逗她，叫她"摇呀摇"，言下之意当然要"摇到外婆桥"。后来，我打电话过去，一叫"摇呀摇"，她马上就知道："是王晶晶阿姨！"

现在小姑娘读小学六年级，已长到一米六了，细长个子，凤眼瓜子脸，很有古典的意味。她妈调教孩子颇有一套，"摇呀摇"文武双全，琴棋书画样样精通，还是校田径队队员，成绩不是一般的好，常叫第二名望尘莫及。当然，最关键的是，孩子并不是被妈妈押着去补习，恹恹的跟在后面的那种，"摇呀摇"颇有灵气，也很老练。和我女儿妍妍通电话，她只比妍妍大一岁多点，却很"耐心"地询问我女儿作业多不多，老师好不好，整个一大姐姐在嘘寒问暖。末了，她还在电话那头自言自语："还有什么话题好谈呢？"似乎有些技穷，让旁听的我忍俊不禁。

"摇呀摇"从小学二年级起，爱上读古典名著，譬如《三国演义》《水浒传》，能够入迷到爹妈在边上吵架、后院要起火都不知。也许文学细胞从那时开始激增，小学三年级的"摇呀摇"开始写小说，经常两部同时写，一部有关古代武侠，一部有关植物世界，还常用章回体形式。这几天，要有重大考试了，小姑娘回家做完作业，照样续写她的小说，安排得有条不紊。她妈跟我诉苦，说都六年级了，总得稍微收点心吧。我非常惊喜"摇呀摇"如此迷恋文字表达，以为找到了同好，大声为孩子的爱好辩护："如果她喜欢，这是控制不住、压制不住的。就像人家问我怎么写作文，我是答不出的。我只感觉到，当心里有了一种想法或思绪时，不写出来真是不舒服，那文字会控制不住地流出来。"一连串的话说得对方一头雾水。

晚上，我和"摇呀摇"通电话，她说现在刚写了个开头，说的是世界末日时五六个中小学生的遭遇，题目叫《幻灵剑》，她妈还在边上问："换什么东西？"可见，这当妈的没什么文学细胞。我问这几个学生怎么在一起的，"摇呀摇"故弄玄虚地说："因为某种机缘凑在一起了。"一个六年级的学生能来这么一句，已经有点水平了。她说，写这个很好玩的，自己读读也很好玩。果然，不是她要写，而是她脑子里构思的故事催着她写下去，这个写的过程让她轻松快乐。显然,她很享受这个过程,这不是写作的最高境界么?我激动地对她妈说:"你一定要让'摇呀摇'写下去,积集成书,作个纪念也好,多难得呀,小学生爱上写小说!"

我和"摇呀摇"通完电话,妍妍在边上说,妈妈这么鼓励瑶瑶呀?小丫头有点"醋意"了。我马上反应过来,跟她解释说,因为妈妈和瑶瑶都喜欢文字表达,特别有同感呀。我不好说"惺惺相惜",怕太深奥。妍妍释然:"哦,我不大喜欢写作文的,我喜欢画画。"这倒是的,妍妍很小的时候学过跳舞、画画什么的。到后来,我发现,她爱上了画画,看到什么想到什么,就拿张纸来画。譬如做作业时,随手在纸上画个小人儿,并写上一句:"要考试了,准备好了吗?"再或者画个愁眉苦脸的,来一句:"作业好多,真累呀。"令人发笑。估计这也是她控制不了的,她喜欢用画画来表达她的想法。

我灵机一动,拍板说:"那好,'摇呀摇'写小说,你来画插图。"女儿很高兴,颇自信地说,我最会画恐龙了。又很老练地补一句:"当然,要等我看过小说再画。"

原来,我们是不需着急的,不需做一些譬如因望子成龙心切而拔苗助长的事。其实,孩子的小小心田里,总会有一些东西萌芽,因为孩子的天性里就有种子呀。如果我们细心呵护和鼓励,不知不觉中,他们就会拥有一种功力,来表达他们可爱的童心,或用文字、舞蹈,或用绘画、歌唱。也许,只要拥有一种,就已足够。很多成年人都知道,这一种武功,可以帮助他们消减青春期的叛逆;如果他们的未来有坎坷,那是一件对付坎坷的武器;如果他们的人生顺利,那是让他们表达快乐的工具。

孩子们,我期待你们的小说面世:瑶瑶著,妍妍绘图。

(刊于 2006 年 12 月 11 日《宁波晚报》)

女儿的班主任

女儿刚上小学时，原先安排的中年班主任因身体欠佳，临阵换了位刚毕业分配来的教师。几位家长颇有些担心：这师范刚毕业，"清汤火热"（新鲜出炉）的还是个学生，哪能管住调皮的小孩子？我倒不在意，因为我自己也是个教师，知道刚毕业的人最有工作热情，第一届带的学生肯定是最亲的，再说，那可是位优秀毕业生呀。

有次到女儿班里去，就看到那位姓余的班主任匆匆走进教室，捧了些作业本，大声嚷道："我来'讨债'啦！"呵呵，催学生交作业用"讨债"这一词汇，小家伙们似乎也喜欢老师的调侃，个个笑嘻嘻的，令我忍俊不禁。女儿每天回家，都会向我汇报余老师和他们说了什么什么，譬如说到她的初中同学得了重病，"余老师眼泪汪汪的"。小孩子在老师的回忆里感受将来的中学时光，尝试去了解同学友情、人生历程。新教师因为缺乏经验，不懂得技巧，管理可能不太到位，但因为我发觉女儿非常喜欢余老师，所以还是不担心。因为小孩子的感情是非常直接而坦率的，他们会因为喜欢一位老师而喜欢她所教的那门课程，进而会喜欢学校生活。

上四年级后，换了班主任，余老师转去当了一年级的班主任。女儿告诉我，早上做操，余老师在整队时，班里的好些学生会很自然地转过头去看，总觉得余老师在和他们说话。他们看着一年级的小弟弟小妹妹，"就像看到我们那个时候"，女儿颇为"沧桑"而又留恋地告诉我。他们如果远远地看到余老师，会不惜多走一段路，就为了去和余老师打声招呼。最有趣的是，有次做操，几位老师在说，余老师生孩子了。排在第一个的同学听到了，于是，就把这个好消息传给了下一个同学，这样，早操做完，"余老师生孩子了"的好消息也就传遍了全班，并成为我女儿回家后汇报的第一个重大话题。孩子一脸的兴奋与稀奇，仿佛不是老师看着他们长大，倒像是他们看着余老师长大一样，大有成就感。女儿嚷嚷着要去看小宝宝，我真是说不出的感动，孩子的小小心田里，是多么喜欢有着童心的老师呀。

女儿的四年级班主任姓周,看她布置的作业和作文后的留言,感觉她是个比较严厉的老师,心下有些担心。第一次家长开放日,听了她的一节课,感觉她的普通话很好听,但上课效果一般。可能她正大着肚子,激情没怎么散发出来。但课后,作为班主任,周老师对家长说的一番话,让我刮目相看。她在表扬几位学生有进步时,说的是学生姓名;但当她提醒哪几位学生存在问题时,她报的是学号。可见她非常细心,照顾到了家长的自尊心。最后,她请我们家长回家后,不论她表扬与否,都要给孩子一个拥抱,告诉孩子:你有进步了,老师在学校表扬你了!这一番话听得我鼻子发酸,她多能体察孩子那颗忐忑不安的心呀!我参加了多次家长会,这是最让我感动的一次。回来后,我真的按照她的说法做了,所以,现在女儿偶尔还撒娇说,来,妈妈,给我一个深情的拥抱!后来,我给周老师写了一封信,这是我生平第一次以家长的身份给老师写信,坦诚地谈了自己对教育孩子的一些看法,周老师也很快回了信。显然,这位班主任老师不仅有爱心,更有现代教育理念作为支撑。自那以后,我又开始安心了。

周老师很会动脑筋,她的鼓励方式总是与众不同。当学生有进步时,她会从家里带来数码相机。她虽大着肚子,行动不便,但总是不厌其烦地给学生戴上漂亮的头饰,带他们到校门口照相,然后把照片放到学校网站上去。她会把家里的植物种子当作奖品发给学生。当女儿小心翼翼地给我看她那用纸巾包着的几颗芝麻大的种子时,我认为那不是种子,是老师给孩子播下的希望。下课时,她会和学生一起踢毽子,一起聊天,有次她还把她的小宝宝抱到教室来,让全班开心不已。我女儿的评价是:"小宝宝长得像芭比娃娃。"估计这也会成为她小学时光中美好的记忆。当我女儿在作文里怀念她曾养过的小白兔时,周老师不是点评作文写得如何,而是写了一大段话,说她家有个大大的平台,建议我女儿若有困难,可以把喜欢的小动物寄养到她家。

转眼女儿五年级了,他们这个班也许算不上传统意义上的好班级。女儿告诉我,曾有老师评价他们班是全校最差的,因为班级纪律不好。"但是,运动会我们总是全年级第一。"我女儿对此愤愤不平。是的,在家长开放日里,他们班的学生个个多么认真呀,虽然有老师说,这算是他们最认真的一节课了。但他们渴望在父母面前表现一番,说明他们很有上进心呀;当集体比赛失败,女儿回家垂头丧气地说"我们嗓子都喊哑了",他们多有集体荣誉感呀!

也许在有些家长看来,如果学生管不住,如果成绩上不去,无论怎样的班主任都不算成功。但在我看来,把学生管得死死的,一心只盯住考试成绩,无视学生精神生活的老师才是最让我害怕的,因为这种方式所损害的东西也许用很多年时间都难以弥补回来。所以,我女儿够幸运,遇到了两位好班主任,她们促进了孩子开朗个性的养成,让孩子爱上了学校生活,能够让她保持童心、爱心和灵性。我相信,有了这些作为衬垫,学习成绩只不过是她理所当然成功的一部分,她的发展会更丰富。

(刊于 2007 年 1 月 15 日《宁波晚报》)

女儿的同桌

　　女儿妍妍的同桌义义是个挺可爱的男孩。记得他们刚读一年级时，我去参加家长开放日，听课时坐在义义边上，当时就注意到了这个小男孩，长得跟电视剧《大头儿子和小头爸爸》里的大头儿子似的，眼睛滴溜溜的，很有灵气。开始时他发言很积极，显然看过不少书，后来坐在那里就没动静了，我看他嘴形"念念有词"，但没发出一点声音。我悄声问他在说什么，他居然说"在唱歌"，好像还一首接一首的。估计小家伙对教学内容早就领悟了，于是用这个来打发时间。我忍俊不禁，同时也有些许担心一闪而过，今后他能适应学校生活吗？根据我做教师的经验，在一个大班额的班级里，老师要照顾大多数学生，一个悟性高反应快的孩子，要么会抢先把答案喊出来，要么会觉得无聊做小动作。在屡次违反课堂纪律后，就会成为老师眼中的"问题学生"。受多了批评和指责之后，如果父母也随之附和，孩子很容易连带着对学习本身也失去兴趣，接下来的情形就很可能变得一发不可收拾。

　　几年以后，义义又成为妍妍的同桌。从妍妍的汇报里，我了解到我的担心并不多余，义义确是出现了这种状况。有位老师为了锻炼义义的自控力，特意在他的铅笔盒上贴了张"专心听讲，不开小差"之类的提醒语。妍妍说，下课时大家路过义义身边，总会顺口把他铅笔盒上的话读一遍。"这让他多难堪哪！"妍妍颇有些不安。我说，他的问题，应该不能都算他的错，以后懂事了，管得住自己了，估计能赶上你们的。妍妍说，是的，她也相信，"所以，现在我也很同情他"。看来，连孩子都意识到，她同桌的处境艰难，而她在一旁却无能为力。

　　有一次，都晚上九点了，妍妍已经上床睡觉了，义义打电话过来，居然是问今天的语文作业是什么。弄得我哭笑不得。他虽然忘了作业，但在有的地方又特别积极。譬如轮到他们班级值周，这大冷天的，起早摸黑站岗，应是件苦差事。义义没选上，很郁闷，"还是原来那几个人，这不公平，没意思"。他认为应该让有进步的人去值周，而且他自以为近来自己也算大有进步，应是值周的不二人选。他还时常在白纸上练龙飞凤舞的签名,分发给周围的同学,说,他将来会成为全世界的知名人士,这签名以后会很值钱。那几位同学,包括妍妍,果然都把这签名纸给放进书包里了,有的还说,以后拿这个去换钱。

义义绝对是个好同桌。有次,妍妍在课堂上突然流鼻血,义义惊慌失措,大喊:"某某流鼻血啦!"怕老师没听清,又大声喊了一遍,被周围同学斥之为"大惊小怪",妍妍被众人注目,也怪他多事。但是,义义不介意,坚持叫妍妍仰头,妍妍说不行,于是两人争论不休,已经没在意这鼻血早已悄然止住。

应该说,两个人一直相处得比较好,没出现类似有"敌我矛盾"性质的"三八线"。妍妍以前生阑尾炎住院时,义义在他妈妈的陪同下来看过她。而义义出水痘请假时,妍妍会把家庭作业另抄一份,交给他妈妈带去,天天如此,非常尽心。她偶尔会念叨她的同桌什么时候回来,有些想他。但是妍妍说,她不敢在学校这么讲,因为男生会说"某某爱某某"。"那你怎么办?""我会追上去打他。"我逗女儿:"你该回答他说:'好呀,以后结婚了请你吃喜糖!'"我忍住笑,又无事生非地问妍妍:"那你爱他吗?"妍妍十分警觉地跳开去:"我谁都不爱!"我大为不满,说:"你连老妈都不爱?!"妍妍一本正经地说:"我说的是爱情,就是两个人谈恋爱,老妈,我才十一岁耶!"我忍不住哈哈大笑,倒轮到她给我上课了。

用午餐时,义义经常把从家里带的菜拿出来,周围同学都有份。有时,义义爱吃学校的菜,妍妍也会把自己的分点给义义吃。当然,他们两人也经常争论不休,譬如《水浒传》和《三国演义》哪个更好看。前座的女生会转过头来看热闹,然后她若有所思地看着义义说,头发硬的人都比较固执。妍妍立马去摸了一下义义的头发,"头发果然很硬啊"。

我每次遇到义义,他都会乖巧地向我问好,而我总是饶有兴趣地端详他。他是我女儿的同桌,是我女儿童年的一部分。我借妍妍、他的同龄人的视角,能一直看到他的成长。像义义这样的孩子,在我记忆里总是似曾相识。他们来自比较民主、有文化气息的家庭,知识面广,心地纯真善良,不谙世事,小小脑瓜里有自己的独立见解。有时调皮贪玩,不太适应循规蹈矩的学校教育。会有一段时间,他们比其他同学过得辛苦,他们在成长的过程中寻找着一个出口。他们需要在某一个关键的阶段，或一个人、一件事、一句话，甚至一个微笑，把他们内心最美好的东西点亮，那以后，他们的发展才真正开始。我所希望的是，那一天不要太遥远，因为并不是任何人，都等得起。

（刊于 2007 年 2 月 12 日《宁波晚报》）

等女儿放学

因为单位和女儿的学校相邻，现在下班时间比女儿放学时间早了一点，所以我又开始来到学校等女儿放学。当然，教育专家对此批评说，这不利于发展孩子的独立性，不过我也有我的理由。如果说，以前等孩子放学是一种责任，那么现在是一种乐趣。

这是很好的休闲时间啊！当我站在校门口时，扭扭腰敲敲背，舒活一下筋骨，可以治一下"坐班族"腰酸背疼的毛病。校门口有个电子显示屏，滚动播出一些名人名言、时事要闻、日用英语什么的，还可以让我"补习"一下。

这是听新闻的好地方。校门口常有几个家长凑在一块儿聊天解闷，一般总是那几张老面孔。但是我这人不善交际，所以很少与他们搭话，以旁听为主。学校里有什么动向，譬如哪里调来一个新老师，谁的教学水平高，哪个老师结婚了怀孕了，等等，都可以知晓。有时也会涉及国家大事，譬如前段时间的"十七大"。当然，探讨孩子教育问题比较多，也算是非正式"家长论坛"。孩子怎么个不听话，写作业如何拖拉，考试成绩怎么个不理想，为几分的波动而耿耿于怀。听得我颇为郁闷，为什么不关心一下孩子的精神生活呢？但有的家长觉得，事实胜于雄辩：考大学不就怕差个几分吗？找工作不就是要个名牌大学文凭吗？一步落后，步步落后！每个家长都有一整套的育儿经，有理论有实践，旁征博引，令我不敢应声。

等在校门口，还可以耳闻目睹不少鲜活案例。譬如，有位小学三年级的孩子放学出来，兴高采烈地说语文考了97分！但是她妈妈什么反应？不问这97分是怎么得到的，居然奇怪地问："那三分怎么扣掉的？"我在边上听了，恨不得立马给这个妈妈一张小学三年级的考卷做做，看她能得几分？！果然，她女儿很委屈地说，97分已经是全班第一了。她妈妈还不以为然地说，那你也不要太骄傲！我看小姑娘垂头丧气地回家了，不胜同情。有时也会听到蛮好玩的事，有位家长说，她儿子不愿意周末下午去补习班，就找各种法子"忽悠"他老爸。譬如提醒他老爸午睡一下，"睡到自然醒"。他老爸开始还没回过神，感动得不行，以为儿子懂得关心人了。其实孩子是巴不得他老爸睡过头，他就不必被"押送"去补习班了。

当然，等女儿放学最大的好处，是能和女儿多点时间在一起啊！其实，大家可以计算一下，早上心急慌忙地出门，晚上各自做作业、做家务、工作加班，一天能余下多少时间和孩子在一起、和孩子聊天？所以我说，若有一天孩子成为"追星族"，狂迷歌星，也是情有可原啊！父母忙于工作，孩子放学后，耳朵里塞着耳机听歌星的歌；回到家，小房间贴着歌星的照片；就连脚上的鞋都叫他想起歌星的广告，满眼满耳满心都跟歌星有关。然后当有一天，父母终于意识到要跟孩子好好谈一谈时，才发现自己对孩子已经陌生得几近一无所知，或者孩子早已长大，外出读大学去啦。

所以"时不再来"，有机会可以和孩子一起回家，能和她套套近乎，争取成为她的"知心姐姐"，真是何乐而不为呢！有时女儿放学出来，看到我等在那，小脸上的笑意非常动人。估计等我老了，这会是我老眼昏花里常回忆的一幕。有时看到女儿的神情，会猜到她心情不佳。这一路上就不妨当个另类"心理咨询师"，调侃她几句："你喜欢那个科目的老师，学得好那不稀奇，若你不喜欢的老师带的科目，你还学得好，那才算你有本事！""我像你那么大的时候也很辛苦啊，你像我这么大的时候，你也可以舒服啦！""同学老开玩笑说某某喜欢你？就一个吗？太少了吧？"……所以基本上等走到家，小姑娘已经有做作业的愉快心情了。

（刊于 2007 年 11 月 22 日《宁波晚报》）

"90后"的新概念

这次我读的不是名家名著,而是我市一所中学的学生文学社出的刊物,叫《跬步集》。

女儿回家对我说,学校的文学社出了一本刊物。我漫不经心地"哦"了一声。老实说,我对学生作文兴趣不大。因为应试的压力,作文已经变成一种非常功利的东西,这和孩子被逼着学钢琴、舞蹈一样,已经没有享受的意味在里面了。但我还是从女儿手里接过了这本《跬步集》看了起来。

刊物是彩色印制的,制作精良,手感很好。卷首语写道:"因为母鸡生的叫小鸡,母鸭生的叫小鸭,所以 80 之后是 90。我们是 90 后。"这话有点意思,应该是他们自己的语言。"阳光透过玻璃窗变得没有温度,垂直照射在我的指尖,指尖在键盘上跳动,我试着为阳光找些韵律。"简直就是一首诗。"用自己喜欢的方式做自己喜欢的事情。用自己的姿态长大,保护自己真实的心。千万。"这有点像对家长、老师的宣言。"90后在成长,哥哥姐姐请让道,我们——启程了——"呵呵,连"80后"都得让路,那我这"60后"简直连吭声的勇气都要没了。但我还是兴奋,因为嗅到了一丝青春期真实的气息。

翻阅下来,他们的文字风格、情感体验令人刮目相看。一个同学写道:"阳光横行,他在所到的每一个地方,炫耀这闪烁的金黄。他的温度,远在温暖之上。"另一个同学写道:"或者80年代和90年代并没有不一样,春天从来低调淡然,夏天依然明媚倔强,秋天萧瑟神秘,到了冬天,又一切归零。"有两篇的作者都叫"佚名":"刚才他们又在说我可爱了,我只能对他们报以微笑,除了微笑还有什么呢?可是心里面却满是无奈……或许只有我一个人知道自己已经不再是那个单纯可爱的小孩子了。""我听到了花骨朵裂开,微微颤抖起季节的消息……我们一直行走在连千里马都奔跑不到的水泥路上,我们一直住在连苍鹰都要仰望的大厦里。"敏感、冷静、淡淡的忧伤,他们真不是我们眼中的孩子了,也绝不是"当初的我们"。

虽然发现他们还是会用错"的地得""作做",但我显然不想当个古板的语文老师。分分秒秒,点点滴滴,信手拈来,回肠荡气,这才是写作的真谛。"我手写我心",他们是幸运的、幸福的,爱上文字,爱上这种表达内心的方式。在青春期适时地找到了这样一种方式,可以支撑、承载紧张的学习生活,他们不可测的未来因此变得游刃有余。

女儿在边上看,好玩地叫嚷:"我也是'90后'! 你们是'60后'!""你是1996年出生,但你不是'90后'。"我纠正女儿的话。"他们才比我大一两岁!"她很不服气。我很想说从量变到质变的哲学问题,但话到嘴边,觉得不宜太深奥,就说,你还是个小孩子呢,他们已经进入青春期了,别说一年,一天都差不得的啊。

撞见青春,总是兴奋的,一切都似曾相识,因为我也曾经青春过,虽然已经是太遥远的记忆。相信你可以理解我的意图,给他们多些鼓励和支持,多些学生文学社,多些自由发挥的空间,就像《跬步集》背后肯定有富有人文关怀的老师一样。虽然现在文学青年不吃香,我们也不能保证他们中就一定能出个文学家,但我们依然要培育和养育,因为人要学会"诗意地栖居在大地上",这对一生都很重要。

（刊于2008年4月12日《宁波晚报》）

女儿"跑龙套"

学校要排英语音乐剧《花木兰》,女儿英语还不错,被选上了,不过才貌欠出众,当的是群众演员,参与合唱什么的。女儿有些郁闷,说,"就给一句台词也好啊!"我安慰她说,全校那么多人,你能入选,就不错啦!有位同学演主角,不知什么原因,竟向老师辞演,不过最后还是承担下来了。女儿在一边听得心痒,回到家说:"人家不要演,干吗不让我演,唉!"我听了不敢接口,怕她埋怨我没找个好老公,以致没遗传到英姿飒爽的身材。不过心里暗喜,这个曾经在课堂上怯于举手发言的小女孩,不知不觉间,逐渐自信勇敢起来了。

随着剧情的推进,女儿开始展现群众演员的"强大功能",身兼数职:伴舞、小村民、士兵、门神。这村民随同花木兰去从军,并终于获得一句台词,"保卫家乡,这是我的荣耀与责任"。当然这个士兵还是"普通士兵",所以最后战死沙场,没熬到胜利挥舞旌旗的那一刻,不过又转眼变成"门神",继续延续群众演员的职能。因为这些,女儿不说自己是群众演员了,开始说自己"就一个跑龙套的"。我本来想让她看《喜剧之王》,周星驰演的那个力争从剧组拿到盒饭的群众演员;或者读读三毛的文章,写她在十一二岁扮演匪兵乙,也就轮到一句台词:"站住,哪里去?"打算和她探讨"跑龙套"的意义,不过看她笑嘻嘻的样子,知道她并不真因此郁闷,也就作罢。她问我"跑龙套"到底是什么意思,我信口胡扯说,大概是以前人们舞龙时,跟在后面的几个吧。后来上网查了一下,说是演戏时群众演员穿着各色的龙套衣,跟着主帅跑来跑去,因此被形象地称为"跑龙套"。

学校很重视这次演出,特地请来个美国小伙子导演。老师们也时不时去探班,给孩子们鼓劲打气。所以,女儿虽自嘲是"跑龙套的",但她越来越认真对待自己的任务。她下载了迪斯尼动画片《花木兰》的音乐,戴着耳机拿着歌本经常跟唱,真是做到"曲不离口",就连帮我晾晒衣服,都要"激情澎湃"地来上一段。饭后散步,话题基本不离《花木兰》,喜欢对这个小小"演艺圈"爆爆料。她在台上要演一个摔倒的动作,经常把握不好，变成真摔，回家后让我看她膝盖上的乌青，夸张地叫疼。虽是"跑龙套的"，但得全程参加排练，所以暑假里有十来天冒着酷暑去学校排练。大多数时候，他们这几个"跑龙套的"就坐在台下，看主角们走台、对台词。不消说，耳濡目染的，基本也能把整个剧本背下来了，但女儿再没说过想演主角，只说"看他们演也很开心"，坦然接受"龙套"地位。他们在台下为主角的表演发笑或者表示赞美，自己上台也时不时笑场，在这个不算漫长的过程里，他们逐渐成长为快乐而有凝聚力的团队。

秋季学期开学第一天，是他们演出的日子。本来女儿一直说"跑龙套，要低调"，但经过我的软泡硬磨，终于同意我去观看演出。演出果然很有声势，服装、道具、布景毫不逊色于专业演出，孩子们也很投入。由于女儿多日来对我的"熏陶"，我对剧情、对白、演员了然于心，我的观看只不过是一一对号入座，所以总忍不住暗笑。女儿果然不负"跑龙套的"这个称号，一直跟着主演台上台下地跑，换套衣服就表明换种角色，我总是需要仔细辨认，她不出彩，算是忠实地完成了她的"龙套"任务。

演出结束，大幕刚拉上，幕后就传来震耳的欢呼声，把台下的我吓了一跳。我知道是他们围成一圈，把手叠放在一起，齐声发出了热烈的狂喊。刹那间，我的眼里蓄满了泪水，我为孩子们纯真的情感而感动。演出一结束，他们马上就从古代回到现实，现实里，他们无所谓主角或者配角，就是一起欢笑、一起挥洒汗水的团队。参演这么个节目，也许只启蒙了他们对表演、英语和音乐的兴趣，与将来当演员、音乐家、英语专家并不一定沾边。但显然可以看到：亲密无间的同伴友情、团队合作的精神、挥汗如雨的毅力、甘为绿叶的从容气度，那么多的闪光种子，在孩子们的精神世界里粲然绽放，照亮他们紧张的初中学习生活，并成为滋润他们日后成长的重要养分。还有什么，能比这些更珍贵？！

如果我说，学校是有魅力的，相信这些应该是重要的构成因素。所以，让每一个孩子都能参与一个社团活动，只要一个就够，篮球、合唱、航模、舞蹈……诸如此类，无论优劣，不计功利，鼓励和帮助他们坚持下去，你该知道，其意义真的非比寻常啊。

（刊于2009年9月17日《宁波晚报》）

青春的五月

我的初中同学评上了市劳模，这是令人高兴的事。我的另一位同学目睹"劳模"上台领奖，很惊喜，给我发了条短信报喜。所以，"五一"劳动节一大早，我打电话给这位初中同学，干脆直呼他"劳模"，并祝他节日快乐。

我这位"劳模"同学的为人，那是一致公认的好，对工作、对家庭尽心尽力，没有二话。我和他初中同学两年，那时他总坐在第一排，话不多，也不大回头，是个乖学生，所以我只记得他的侧影。后来我们又在同一所大学读书，成了"老乡"，加上生日只差一天，所以同城的一帮中学同学常给我们一起过生日。再后来各自成家立业了，也常借生日的名义，几家人聚一聚。这样，经过近三十年的酝酿，关系已经情同手足，连带家人也与对方成了好朋友。

这次获得殊荣，我们几个同学自然要为他庆贺一下，结果我们的初中班主任也赶来参加。你能想象出三十年以后的事么？当然不能。不过要说有感慨，估计我们老师是最有感慨的。带我们那时老师刚荣升"爸爸"，现在他即将"更上一层楼"，要当外公了！再说，看到自己的学生有出息，看到学生之间历经几十年依然团结友爱，作为班主任，还有什么比这更高兴的呢？

很凑巧，同学聚会的第二天，我去女儿学校，参加他们的"红五月歌咏会暨家长讲师团成立仪式"。我有幸成为讲师团的一员，上台接受聘书，然后坐在评委席后面观摩歌咏会。我在黑压压的人群中寻找女儿，没找到，不过我相信她的目光已经找到了我。

通俗地说，歌咏会就是班级合唱比赛。因为班级众多，所以通过筛选才能上台比赛，我女儿的班级不幸"落选"，她不以为然，以为自己班唱得并不差，并且他们也练过一些日子，现在，静坐在下面观摩，这歌"卡"在喉咙不能出来，自然有些郁闷。所以，这几天她逮着机会就唱歌，还努力"飙高音"，我知道她似乎还有些不服气。不过，这是后话。

学生穿着统一的校服，唱歌方式也很简单，基本就是大合唱。最多有领唱的,有的班还有指挥,如果手里再拿朵鲜花或者绑个腕带,那算是有点"花样"了。台上的学生很规矩、很严肃,偶尔能在他们的脸上捕捉到一丝微笑,或羞涩,或调皮,但稍纵即逝。在全校师生的注视下,在灯光照耀的舞台上,个人主义是无处安身的。学业的压力、成长的烦恼都暂时退到幕后,只剩下集体的责任感和青春的荣耀,一如三十年前的我们。

在台下,我们家长的掌声是最长久、最热烈的。有的家长不停地拍照,我身边的家长还不时伸出双手,竖起两个大拇指,向台上示意。在我们家长眼里,唱歌水平固然有高低之分,但是放大的成长的喜悦、猛增的同学凝聚力,这个人生的片段,或许就是孩子们长大后相聚的理由,永远抹不去的记忆。我们作为过来人,自然把这些隐藏在活动背后的意义看得非常清晰。

青春的五月。在全校师生《歌唱祖国》的歌声里,每个孩子都在努力发出最响亮的声音,在合唱里感受着彼此的默契,在并不轻松的成长中寻找着突破口。在自信、拘谨或者自卑的表情下,我能感觉到,他们的内心犹如破茧欲出的蝴蝶。我也相信,在并不遥远的未来,相信他们每一个人,终将都会用时间来证明:他们一直在努力,他们会有出息,甚至会很有出息,就像我的这位"劳模"同学;他们的同学情谊,也将比老师所希冀的更长久。所以,我们没有理由不理解他们、体谅他们、鼓励他们,因为他们,不就是当初的我们自己?

(刊于 2010 年 6 月 4 日《宁波晚报》)

青春期侧记

4月27日　晴

期中考试结束了,没什么作业,妍妍开心得不得了。去看小学运动会。带同学来家看小兔子,同学不小心被咬了一口,我陪着去打防疫针。我说要把兔子扔掉,妍妍大哭。真叫"乐极生悲"。气平之后,我得知那天是因为厚手套拿去洗了,同学只好戴了薄手套,所以手被咬破了。我就原谅了妍妍,也给自己找了个台阶下。其实我也舍不得呢。

4月29日　晴

妍妍说,期中考试考了第四名。我很高兴。反正达到了我的要求,十名之内。数学她考了99分,第一名,扣的一分连数学老师都不清楚错在哪里。语文作文没写好。题目是《我学会了关心》。她只写了关心。没写"学会"。现在感觉她的作文处于比较别扭的状态,没有以前自然童趣。老师要求写出社会意义,她成绩本可每次第一的,但多被作文拉下分数,所以写得战战兢兢,放不开。

于是早上出门,我就开始开导她。要知道我是作文高手,不过应试作文也一样过不了关,我高考的作文也不怎么样。妍妍也很困惑,为什么有些作文书上写得也很随意自然,而我们写作文非要有立意、有社会高度呢。我想了一下,解释说,就像穿衣服,在学校就得穿校服,在家就可以穿睡衣、休闲服啊,要求不同哦。你考试的作文是有要求的,就像在学校要穿校服,所以你就不能穿睡衣上场啊。妍妍笑了一下,算是接受了我的解释。我很得意自己打的比方。

自从我升级当了妈妈,随着孩子的长大,她一颗天真的童心逐渐在接近社会,不解的问题也越来越多。而我们所谓的"急中生智"是对的,我总不能在孩子面前露怯,所以总会有自圆其说的解释,也算是被逼的。如果我能成为儿童教育家之类的人,女儿功不可没。就像《围城》里说的,本来信口胡扯,久而久之,别人信了,积累到一定程度,加上自己是个教育工作者,再加几句理论,更成了像模像样的一套理论。

5月4日　阴

有时我爱和妍妍开玩笑,譬如找男朋友之类的。前两天,我深有感触地说,你今后要找个个子高一点的。她突然感慨,找男朋友很难啊!我惊讶地看着她,她不慌不忙地解释说,要个子高,还要有钱,还要和我一样喜欢小动物,还要有幽默感。我听得哭笑不得。她的逻辑是,因为要养狗,所以要买别墅;因为要买别墅,所以要找个有钱人。因为我多次说,别墅有小院子的,才适合养狗。她看我们是买不起别墅了,于是她开始希望找个有钱人。我激将她说,有本事自个儿挣钱,别靠人家。她表示同意。我逗她说,你同桌不是个子挺高吗?你可以考虑考虑。明天去问问他,爱不爱养小狗。要不,我以后帮你写一篇征婚启事?我的文笔很好的。妍妍听得哈哈大笑起来,她还不懂得害羞,说明还没正经到青春期呢。

这种玩笑话,估计她外婆听了又要怪我,说孩子那么小年纪,不应该和她说什么找朋友的事。我很不以为然,干吗搞得那么神秘。当然,很多家长很警惕孩子和异性同学的交往,我算比较另类,我是巴不得她有很多同学做朋友,包括异性朋友。要知道男生有很多优点可以影响她呢。譬如妍妍的同桌可逗,若有什么事惹了妍妍,妍妍还没准备要教训他呢,他已经主动递上小刀、尺子之类的,再三"恳求"说,你"杀"了我吧,求求你"杀"了我吧,逗得我女儿直乐。另一个同桌呢,擅长流行歌曲,家里养狗。所以逮着空儿,两人就"对对歌",你唱一句,我接一句,要么就是大谈养狗经。女儿先后和几个男生同桌,都处得不错。妍妍虽是老师眼里的好学生,可并不妨碍他们在上课时,两个人私下你一脚来、我一脚去地打闹。所以,妍妍的"闺蜜"很好奇,说男生都和你很好。其实,作为一个成年人,我对这一点自然看得很清楚,现在学生读书很辛苦,其实东方国家都差不多。我们曾去过新加坡的中学,他们的辛苦可谓有过之而无不及。但是如果同学关系好、师生感情好,这就成了缓冲器和润滑剂。而更可贵的是,事实上同学友情是一生最宝贵的财富,成年人都知道。

有个男生和我女儿关系不错,譬如放学了,他会问我女儿肚子饿吗,过马路会护着,很有绅士风度。我和他父母算是"世交",他爸爸得知后,颇为纳闷,说这不是遗传啊,当初自己不擅长处理异性关系啊。有次我和这位同学的妈妈开玩笑,说两人也不能走太近啊。她似乎很生气,说,怎么,我儿子也很不错的啊!听得我哈哈大笑,没想到她比我更开明。

说实在的,学习和男生交往也是很重要的。所以,我时不时问起她以前的同桌啊、好朋友啊,希望他们还继续交往下去。我可不希望女儿长大后,还得老妈我帮她去相亲。

别小看这些小孩儿,他们可有娱乐精神了。老师对他们生气时,常会说些狠话。但因为喜欢那些老师,所以老师再怎么激,他们都不生气。譬如,"我这辈子就没教过你们这样的班级"或者"我出娘胎都没见过你们这样的学生"。于是他们就在底下议论老师刚出生时见到的是谁;或者表示"我还是撞墙算了";那帮小孩儿还没心没肺地小声帮老师出"解脱的点子":拿根面条上吊,拿块豆腐撞死,拿薯片割腕。每次女儿回来向我汇报,我总听得哈哈大笑,谁说现在的独生子女娇惯、心理承受能力差!他们多有娱乐精神,我喜欢!

5月—6月

女儿额头上冒出几颗小痘痘,这搁以前我根本不会在意。但是,现在我左右端详,怀疑这是青春痘,她的青春期到了吗?她这个年纪还只能算青春前期吧?

现在放学回家,她常穿着溜冰鞋做作业,有什么问题,拿什么东西,就站起来溜一圈。我已经习惯她像一阵风似的,一下子停在我身边,或者一溜而过。她有一阵子喜欢谢霆锋,一看到他的镜头,就不肯走开了:"好帅啊!"我在边上自然展现我一个中年妇女的审美:"不就一个奶油小生么!""什么是奶油小生?"她开始哼歌——"因为爱所以爱",我无言以对。近段时间她跟着一个叔叔学舞剑,迷上了李连杰,经常看他演的黄飞鸿、霍元甲,"日本再侵略我们,精武门就靠我了"。我在旁边真是忍俊不禁。

显然,她已经不是"乖宝宝"的可爱了,现在爱玩些"深沉",说些转弯抹角的话,估计是班里的流行语言,算是学生文化的一种。她爸爸买了些梨,招呼我们去吃,说这梨看上去很好。她说了句,"知人知面不知心"。她爸爸惹她不高兴,她就不屑一顾地说,"十二加八减三"。她爸爸还在那琢磨呢,女儿就在我耳边说:"'12'连写相当于'口','+8'是一个'木','−3'相当于一个'子',组合起来就是'呆子',我同桌发明的。"有次她爸爸说起一件自以为得意的事,她在边上漫不经心地说了句:"为什么天上牛牛满天飞,因为地上有人拼命吹。"令我喷饭。

她与同桌的关系一直不错,小女生嘛,比小男生懂事些,所以她负有监督同桌学习的任务。同桌上课开个小差什么的,她会一本正经地管他。有次同桌上课看课外书,被老师发现了,老师走过来要同桌上交,同桌沉默以对。老师转而问我女儿,女儿因此遭遇德育理论上所谓的"道德两难问题":对老师诚实,还是对朋友忠诚?选择的结果是,女儿据实汇报,漫画上缴。我虽是他们老师的同行,但有时更愿意站在学生这边,替他们的友情惋惜:"你把同桌检举了啊?可惜可惜!"女儿无奈地摇摇头说,没办法啊!课间,女儿向同桌道歉。同桌倒不以为意,只是遗憾地说,你干吗不说我是在玩陀螺,反正一元钱三个,这漫画我可是等了好多天才借到的。瞧这俩孩子!

有时她回家说,老师不仅拖课,还发脾气,同学们很烦。但这帮孩子也不再是乖怯的一年级学生了,"有两个老师都被我们气哭了""和我们斗,能斗得过我们吗?我们有五十个人呢""没有他们,我们可以自由自在"。有点青春期叛逆的意思。我有时帮她一起"讨伐"老师,有时掉转"枪头",对女儿挖苦取笑一番:"把老师气跑了,你们还叫学生吗?""你们总是这样,小学怀念幼儿园,到了中学又怀念小学,总是不懂得珍惜!"她倒不在意,嘻嘻一乐:"我们的想法和你们大人不一样,我们这叫童言无忌!"

记得户口本上关于女儿的信息比较奇怪:"从未上过学。"这等于是拿她当文盲看了,她经常对此表示抗议。这几天她常理直气壮地说,她是小学毕业生了。虽然对口初中就在小学边上,大多数同学以后还是天天能碰见,但是并不妨碍毕业留言本在班里盛行。我们那时也兴这个,学生读书辛苦啊，总得找点乐子。当然，现在的毕业留言本花哨多了，血型、星座、QQ、电子邮箱……有个同学在她的留言本上写："祝你二十年后幸福快乐！"哎，写得够遥远的，他们眼里的二十年后，远得望不到边吧？

我饶有兴趣地观察着我那青春期前期的女儿，爱听这些与学习无关的事儿，顺带回忆回忆我的童年。正是因为有了这些趣事，才使童年活色生香啊！

（后记：在孩子刚出生时，我就下决心要记录研究她的成长，力图成为一个研究型的妈妈。结果发现孩子的成长与变化简直是"日新月异"，我的码字速度根本跟不上，加上自己缺乏恒心与毅力，最后也没有坚持下去，不过偶尔写的几篇关于她的日记，还是值得回味的。）

狗狗中的"思想者"——家长眼里的初中生

如果把一个人比作狗,估计对方是要勃然大怒的。但这话要对我女儿讲,她是最高兴不过的了。她一向对小狗小猫爱得不行,恨不得成为同类。曾经有一段时间,她的远大理想是当个兽医,后来汶川大地震,她的理想升级为当一名训练搜救犬的战士。她甚至有了一个择偶标准,就是对方一定要爱小动物。对于孩子的郑重其事,我总一笑了之。来日方长,没准几年后她就全忘了自己说的话。当然,如果她一直记得也无所谓,只要她的人生因此而快乐。

有次闲来无事,女儿举起手臂做了个"思想者"的造型。我嗤之以鼻,你这也算思想者? 她突发奇语,说:"那我是狗狗中的思想者。"她觉得又可以和小狗挂上钩了,颇为自得。我承认这比方够新鲜,也很到位。的确,看女儿的日常表现,也就比小狗略高一筹罢了。套用一句名言:"人只不过是一根苇草,是自然界最脆弱的东西。但他是一根能思想的苇草。"女儿的话不妨表述为:"儿童只不过是一只小狗,是自然界最可爱的东西。但他是一只能思想的小狗。"

按女儿老师的说法,女儿的作文比较孩子气,"缺乏构思,立意不高"。几次考试下来,作文总是拖后腿,所以她对作文已经有些疑惧,干脆瞎编,造一些"社会意义"出来。在我看来,这种作文更乏善可陈,毫无价值。犹如一盆菜,装点得很漂亮,吃起来没味道。但是她若是写狗啊猫啊的,那是写得相当有灵气,我喜欢读,但也承认她走笔信马由缰,太随心所欲。为着她的作文成绩,我只好和她打个比方劝导一下,说在家可以穿睡衣,在学校还得穿校服,所以,你在日记里爱怎么写就怎么写,但考试作文还是要讲点意义。结果上次期末考试作文题目是"与……为友",女儿立马写了篇《与兔子为友》,依然满脑子的动物世界!

不过有时细想起来,不独是我女儿,他们班"狗狗中的思想者"还不少,老师说起来也是又好气又好笑。譬如有次讲人体部位名称,课本上有幅裸体插图,结果孩子们颇有保护隐私的意识,头一件事就是给裸体画上衣服裤子;或者拿出贴纸,贴得花花绿绿的,然后如释重负,全然不顾老师在一直叫"停"。又譬如老师给大家看一幅狗的图片,这帮孩子的问题立马来了:"这狗是男的还是女的?""它是哪个生的?"要是老师不喝止,他们就会这么一直天马行空地问下去,差点把老师要讲的内容都给"忽悠"了。再譬如给学生看一幅示意图,天平一端画了八十一个月球,另一端画了一个地球,以此说明这两者的质量是一样的。结果这帮孩子首先质疑的却是这幅图的真实性:天下哪里有这样大的天平,可以称得起地球的?结果,课堂又是吵成一锅粥,按老师的说法,"九头牛都拉不回来"。显然,这帮孩子的反应绝对敏捷,但总要出点格。他们常对老师、教材讲的内容表示深刻的怀疑:"这'地心说'不是也改为'日心说'了吗,科学家还要犯错误呢。"言下之意一目了然,好几次把老师给气得要"投笔从戎"了。

老师对这帮学生又爱又恼,学生倒对老师颇为同情,承认老师辛苦,"还要做些吃力不讨好的事"。一些学生已经长得很高大了,超过了老师,但他们还是"人模狗样",动不动就爱闹腾。前些日子临近考试,女儿的同桌开始时不时哼歌,任贤齐的《心太软》中"把所有问题都自己扛"这句,他只哼最后四个字"都自己扛——"。暗示这成绩好坏、爹妈脸色,"都自己扛——",显得格外意味深长。周围几个女生听得不胜其烦,每当他唱"都自己扛——",她们就给他和声,"昂——昂——",犹如空谷回荡之声。所以,老师可能还不明就里,但这课堂上就闹腾起来了。最近,他们又不能免俗地开始流行春晚上"小沈阳"的话,譬如同学之间借用什么东西:"有笔吗?"对方会这么一本正经地回答,"这个——可以有"或者"这个——真没有"。然后就一起乐。

我嘴上也嘲笑女儿,都初一学生了哎,还这么闹!但其实心里蛮开心,在日趋紧张的学习生活里,他们依然保留了非常童稚活泼的一面,有时甚至像沸腾的水,盖都盖不住。令这童年走向少年的过渡地带,格外意兴盎然。当然,可以肯定,再过一年半载,他们将进入细腻敏感的青春期,估计那时会真有"思想者"的意味了。

女儿在香港"读"了三天书

教育是一个城市的开放程度的重要体现。近年来,我市中小学与国际名校建立的联系日益增多。9月底,在学校的组织下,女儿作为文化交流团的成员之一,前往香港一所私立名校开展回访活动。

虽然女儿功课紧张,可我以为这个机会是极难得的,可能会成为她初中生涯最难忘的记忆。更重要的是,可以帮助她打开了解国际化教育的一扇窗口,所以极力支持她去。当然,我也颇有收获。女儿从一个中学生的视角,给我这个教育工作者提供了一个很难得的学习机会,我也算间接"开了眼界"。

在那三天时间里,她们几个学生就像该校的学生一样,进入了常规的学习生活。7点50到校,17点30用完餐后离校。学校给她们每人安排了一个伙伴陪同,由于这些伙伴之前已经来过宁波,女儿接待过,所以彼此见了,没有陌生感。"哦,我记得你的——"重逢的喜悦溢于言表,按女儿的说法:"她们蹦蹦跳跳地在前面引路。"

该校的师生比是1:8,一个教室里也就十来个人,自然形成了与四五十人的大班教学截然不同的管理模式。课桌椅放置得像是在开圆桌会议,这是一种容易让人放松下来的氛围,在上课期间,学生可以轻声交谈、走来走去,上厕所、扔垃圾。所以,后来女儿担心,怕自己回宁波后,会一下子忘记身处何境,在老师讲课时站起来,走去扔垃圾。

中学部的一节课有66分钟,上午第一节课后可以去吃点心,女儿的伙伴带她去吃了烧卖。接下来几节课就紧张了,课间只有四分钟的休息时间。女儿她们听的第一节课是选修课,学生们围绕社会热点展开讨论,这次是"钓鱼岛事件"。除了中文课,其他课都是全英文教学,女儿她们只能听个大概,有时伙伴会翻译几句给她们听。从第一天起,女儿也"入乡随俗"地写起了英文日记,她的伙伴帮她改了几个词,并在旁边加了插图:一个卡通小美女、一个马头、一只小鸡。很可爱。

女儿说,香港同学多才多艺,画画、乐器都玩得很好,每个同学都会好几种乐器。音乐课就是根据自己的选择练习乐器,譬如钢琴、小提琴;

体育课就是分成两队打比赛。与内地明显不同的是,该校设有一些生活类课程,譬如烹饪、木工、缝纫等课程。可惜那几天女儿没上到她感兴趣的烹饪课,但上了服装设计课,给图片上的模特儿画上衣服。我看女儿带回来的设计图,也挺像模像样的。她请教该校的校长,这些课是否属于必修的,校长对此作了肯定的回答。要是晚去几天,女儿她们还能赶上学校的宿营活动。在每学年的第一个学期,中学生会被安排参加一个三天两夜的宿营。此外还有"援助无疆界计划",到农村学校去服务他人。该校深信,"教学活动并不局限于教室的四面墙壁之内。户外学习更能让学生成长及自由发展"。

女儿说,香港同学很活跃、很主动。以前来宁波,在英语课上踊跃发言,抢了不少宁波学生的风头;国庆前聚会,要唱国歌,他们也唱得很认真很投入。当然,女儿也有自豪的地方,瞥一眼对方的考试卷,觉得"超简单"。她们也受到了香港教师的表扬,说待人接物很有礼貌。

女儿对该校的副校长印象很好。他亲自来机场迎接她们,很热情地向大家介绍自己。这个外籍校长给自己取了个中国名字,叫道明,寓意"道路光明",结果找了个中国老婆,是著名影星陈道明的影迷,校长就觉得自己这名取对了。他介绍自己的老婆,叫"婷婷",瘦瘦高高的,校长毫不谦虚地说:"亭亭玉立,人如其名。"他热心地让"亭亭玉立"带女儿她们去玩。

这样的课程设置、这样风趣的老师,显然展现出了独特的教育魅力,女儿她们迅速喜欢上了这样的学校生活。最后,女儿好像"领导视察工作似的",很"宏观"地在日记心得里作了一个总结性的评价:"香港同学的生活还是比较好的。"当然,在她回来后,开口闭口就是香港的同学、老师、课堂,我知道她已经"心向往之"了。是的,没有一个学生是天生厌学的,如果我们能给学校教育注入更丰富的内涵。

在我们经常为应试教育抑或素质教育而纠结时,该校的招生简章里的一句话很好地解答了这个难题:"一所成功的学校必须具有优质学术成绩,然而,成功的更高境界在于能够超越考试分数,体现智的内涵。即具备智力与智慧,运用知识和技能获得'德才兼备'的品质。"

　　人生宝贵，我们总希望让孩子在学生时代这一段美好时光中，享受更优质的教育，享受学校生活的乐趣，汲取养分，发展身心潜质。所以，我很希望多一些这样的体验活动，不仅去学习，也要去帮助；不仅去发达地区，还要去贫困山区，体验对方的学校生活。也许在孩子的中小学时代，这样的机会只有一两次。但也就是这一两次，很可能为他的小小世界打开一扇窗，这窗口所照射进来的一缕阳光，也许就照亮了孩子的未来人生，帮助他成长为一个有追求、有责任心的现代人。

（刊于 2010 年 10 月 14 日《宁波晚报》）

新生老生

刚出生的小毛头叫"新生儿"，但很快这个"儿"字就会如绒毛般褪掉，小家伙会步入"新生"时光，从此开始"新生"与"老生"这不断交替的岁月。

幼儿园算是"新生"的预备期，真是"新"得陌生，以致"望而生畏"。我同事的孩子今年刚上幼儿园，"本来没哭，到了幼儿园一屋子的孩子都在哭，于是也哭了"。我听了直乐，连声说我家那个当初也这样，哭得差点"被劝退"。

进了小学就是真正的"新生"了，读了几年就算"老生"了；读初一又叫"新生"，之后就成了"老生"；进了高一又是"新生"，之后就又成了"老生"……

东西一般是"新"的好，学生则是"老"的妙。开学伊始，我在电梯里碰到一个初中男生，我随口问了一句，你在哪里读书？他仿佛憋闷了一整天，说了很多话，再三强调的一句是，"楼下是刚来的初一新生，太吵了"！这是老生对新生"小屁孩"的轻视，只"老"一年也是"老"，我不由暗笑。

今年暑假是我女儿过得最放松的一个假期，因为她高三毕业了。整个暑假，她忙于参加各种同学会，从小学、初中到高中，就差开幼儿园同学会了。她们以资深"老生"的阅历，逐渐过滤出艰苦学习生涯背后所蕴藏的无数快乐和种种美好。

女儿和同学也去看了小学、初中和高中的老师。作为老师的"老生"，老师待她们如贵宾，招待她们吃点心、去教工食堂吃饭。"可以蹭老师的饭"，待遇真是今非昔比。当然也有例外的，我同学的儿子去小学看小学班主任，但由于现在学校安保严密，在门卫严格的盘问中，这长得人高马大的小伙子仿佛回到小学时光，吓得落荒而逃。

而女儿则凭着一张乖巧的脸，顺利进入小学校园。碰巧小学老师正在教育一个小男生。这种场景想来估计会很有趣：老师也许会在眼前这"老生"和"新生"之间找到教育的真谛；女儿难免会有"想当年"的"沧桑感";小男生可能会"企羡得绝望","哪天我才能长这么大呢"？当然,眼前最大的问题是,什么时候老师的批评才能结束呢？从"新生"的角度来看,被老师批评算是天塌下来的大事。而从女儿"老生"的角度看过去,没完成作业实在算不得什么错。但估计她也找不出什么话来安慰这位小男生,因为她知道,这是成长的必然经历,她就是这么过来的。

接下来,女儿又要开始从高中"老生"向大学"新生"的转变。随着开学时间的临近,女儿突然"惊恐"地发现,她右手食指上厚厚的茧褪去了。数十年埋头作业产生的茧,是作为"老生"的典型标志。她本以为这已成为她身体的一部分,可是经过三个月的休养,她又奇迹般地拥有了一双光洁如初的双手,仿佛预示着大学"新生"时光的开始,她将步入新的学习生涯。

事实上,从接到大学录取通知的那一刻起,"新生"时光就已经开始了。现在网络的最大好处是,使得各种互动交流非常便捷。大学网站上热闹非凡,老生们纷纷介绍学校的情况,各种社团大打广告招募新成员,年级群和班级群也很快建立。再后来女儿和室友尚未谋面已经互传照片,打得火热,她还准备带点宁波特产去作见面礼。呵呵,建议幼儿园也不妨学学这些招,估计孩子的眼泪就不会那么多了。

据说,送孩子去上大学,父母都是一路抹着眼泪回来的,真是"十五年河东,十五年河西"啊！进幼儿园时是"新生"望着妈妈的背影哭,而去读大学,则是妈妈望着"新生"的背影哭。朋友去机场送女儿去国外留学,拍了两张照片,一张是女儿拉着行李箱去登机的背影,一张是飞机升入蓝天的照片,我能感觉到照片背后的痴痴凝望。

有什么办法,家里就一个孩子,从此就"空巢"了！

自此,所谓新生老生,实在是彼此又一种"新生活"的开始。

（刊于 2014 年 10 月 10 日《宁波晚报》）

人到中年"读"清华

虽也曾去过几所高校短期进修,但得知可去清华大学进修一周,我还是喜出望外,赶紧置办了一身"行头":带帽长棉衣、轻便皮靴、紧身绒裤。准备行走在这个北方寒冬的校园里。雀跃之心,犹如新生入学。

出现在我面前的清华大学,已近百年校庆,是无数学子向往之地。出现在清华大学面前的我,大学时代已远去二十年,现成了一个工作勤勉、细心顾家的中年教育工作者。闻名前来清华修学者无数,我只是其中的芸芸众生之一,可是,这颗真诚求学之心,想必也不逊于他人。我所倾慕的,不是校名,而是校名背后的大师及其精神,王国维、梁启超、陈寅恪、闻一多、朱自清、竺可桢、华罗庚……学问大家、人格典范,群星闪耀,还有什么可说的?

到清华报到第一天,每人领到一辆自行车,大家美其名曰"宝马"。寒冬里,我们这些中年人哆哆嗦嗦地手握车把,行动笨拙,姿势不雅,可又笑声不断。刚出发时,四十多人的车队也可谓"浩浩荡荡",但很快淹没在校园赶集似的车流里。

开班仪式上,老师热情地说,"走进清华门,就是清华人"。我们不敢领受这字面意思, 面露"受之有愧"的神情。老师鼓励说,"我们也许错过了清华的学历教育,但还可以赶上清华的继续教育"。于是又欣欣然。当全体起立,聆听清华校歌,回味"自强不息,厚德载物"的校训时,又一时眼热。

所以,在短短的一周里,大家努力去读"清华",晚上上课至近十点,都没有一句怨言。每天一早涌入熙熙攘攘的车道,努力地踩车。上课坐得笔直,老师叫我们"跟着读",虽有点不习惯,但也跟着读,生怕"打击"老师的积极性。老师有什么问题,赶紧抢着回答,要是答对了,似乎特有面子。脑子里根本就没有"逃课"这一概念。下课回到宿舍,还打开电脑整理白天的笔记。

在食堂用餐,逮着个机会就和对面的学生说话。"你是这里读书的学生?""当然,不读书来干什么?""我们就不算读书啊,是来短期培训的。

你读本科?""是的。""市里还是县里的状元吧?""市里第二名。""真不错。""你们也很好啊,工作后再读书没压力啊。"我羡慕学生是真的,学生羡慕我,估计也是真的。同学说,我们那时读大学,校园里哪有那么多中老年学生?!现在多得学生都见怪不怪了。是啊,这终身教育真好,人到中年,还能与梦想中的名校沾点边。

那几天的气温,说是北京数十年来同期里最冷的,但我还是流连在校园里。一有空闲时间,就赶紧带个相机,像个"粉丝"一样到处拍照,拍校门、拍校园,连车流都要拍一下。又去看闻名遐迩的"清华园""水木清华"和"荷塘月色",手冻得都按不了相机的快门,话也说不利索,可是非常虔诚,似乎比学生还热爱学校。只是因为自己知道,我们是回到了梦想里,既然是梦,自然很快就会"醒",所以格外珍惜。

如此投入,有同学既自嘲,也"打击"我们说,你以为一个礼拜你就是清华的学生了?你以为一只大闸蟹,到阳澄湖里浸浸水,就叫"阳澄湖大闸蟹"了?不,你还是只"东钱湖大闸蟹"!如此妙语,众人喷饭。虽然我承认他言之有理,可是我"读"清华的劲头依然不减。

也不是就我们热乎,讲课老师开玩笑说,清华最牛的分院是哪个?就是你们就读的继续教育学院,多是总裁班、高管班,人人骑着辆自行车,美得不行,拍个结业照,还特郑重其事,把人家正宗的清华学生往路边赶。可见,即使离开学生时代几十年,敬学、崇学的梦想依然不散,真是太难得了。

培训结束,剩下数十元饭票,我在食堂里买了一些牛肉干、蛋糕、面包,带回家让家人品尝,并郑重其事地说:"这可是清华的点心哦。"仿佛点心都能传递清华气息。可还别说,老爷子尝过后说,这点心好吃,很筋道。末了,女儿"安慰"了我一句,无论怎样,你总算是一只到阳澄湖浸过水的"大闸蟹"了。呵呵。

（刊于 2010 年 12 月 23 日《宁波晚报》）

暑假的北大

"北京大学"这四个字，在每年六月出现的频率尤其高，往往是报道高考状元之后紧跟的词儿。虽然能考入北京大学的学生纯属凤毛麟角，但并不妨碍人们心向往之。七月里，我能进入这所学校学习一周，实在该感谢眼下"建设学习型组织"之东风，聊解"这辈子无缘"之遗憾。

到了北大，我才发现这里像我们这样的研修班非常多，校园里、食堂里，到处都是像我们一样佩戴胸牌的中年人，胸牌前写有自己的名字。虽然有点"示众"的意思，但我们依然坚定地佩戴，怕进不了校门。因为即使是暑假，学校管理依然比较严格，外人一般只能分批进入。所以每天校门口总是排着上百人的长队，排队的多是父母带着孩子，小学生、中学生都有，等待在允许的时间进入这所国内最高学府参观。相比赶时髦买名牌、当粉丝追星，选择在大热天里排队到大学里转一圈，这样的场景看了总会让人感到慰藉。所以我们自然得紧攥着胸牌这一"身份证"，以保证随意出入。

北大真的非常大，第一天由班主任领着进校园，到食堂吃饭，到教室上课，一路上不但腿脚酸痛，还转得晕头转向。我们住在校门口对面，即使认识路，到教室都得走个半小时。况且校园处处"曲径通幽"，我们的教室在西北角，常常有人走到半路"找不着北"，只好找出手机里的指南针找寻方向。我看网上有个韩国留学生说："北大太大了，我经常找不到食堂和宿舍。"看来，还真不是夸大其词。

校园太大，所以我们每人领到一辆自行车，当然，这是没得挑的，校园里的自行车没有名牌，重在实用。车铃没声音、刹车不好使，没人去讲究。能悠悠然骑在绿树成荫的校园里，已经很享受了。本来开始时大家担心已经不会骑车了，但是没想到大家的技术恢复很快，有人甚至能一手撑伞一手把车，仿佛是个资深学生。课程排得紧，一天早中晚各三小时的课。晚上九点半下课后，大家推出车，三五一群骑在幽暗的小道上，人影憧憧，只听得轮子咯吱响，有人笑称，"敌后武工队"来了。

校园里绿树成荫，亭池相间，处处皆景，更有红墙绿瓦，绿藤攀缘，很有意境。如果再去细细体会校园里的文化底蕴,那真的是值得来这一趟。每个小楼、院子门口都挂着牌子,我们一路念过去,都是闻名遐迩的名字。一个小园子门口写着"北京大学学报编辑部",我们不禁凝神感叹,如果能在这里发表文章,那该多了不起!那么大的名气,原来就是在这么个地方完成的,仿佛不能匹配,实在有点令人难以相信。

虽然放暑假,北大校园还是人头攒动,在食堂吃饭,有时还找不到座位,干脆就站在角落,捧了一大碗饭菜扒拉着吃。我都怀疑暑假的北大比平日里的人更多,有留在学校学习的、有干部研修班、有游学夏令营、有游客,连带着北大的纪念品都卖得十分火爆。所以暑假的北大校园,你会发现什么年龄层次的人都有,什么肤色的人都有。校园里随便叫住一个人问路,十有八九比你还迷糊,因为都是"过路客"。转悠了两天,我能够给人指路了,得意得不行。

北大是全国顶尖学生的学习场所,但暑假的北大还真属于社会每个人,这真不错。我知道,北大办学宗旨之"兼容并包",不仅仅是指学术,更是指服务社会的精神。这一点,蔡元培先生任北大校长的时候,更是做得令人感佩:北大除正式学生外,还招收一定数量的旁听生、选科生,更开办"校役夜班""平民夜校",蔡校长亲临开学典礼并发言。扫地的、拉车的,都可以在北大做个夜校生。譬如车夫把鲁迅先生送到北大,还能跟在后面去教室听课。这是多么打动人的场景!

给我们上课的老师,有北大的,也有来自清华、国防大学的教授;有年轻的,也有白发苍苍的;有在电视里看到过的,更多是全然陌生的。但是无一例外,他们都是能给你留下深刻印象的人,因为他们的学识和教学风格。在北大,课堂是神圣的地方,不接听手机、不讲话、不随意进出,这个课堂纪律,班主任每次课前必强调,有时教授也会很干脆地敲个警钟:"你若中途出去打电话,那你就别回来了。""这是开会吗?不是,这是北大的教室!"在这个班里,无论年龄大小、官位高低,都在老老实实做个好学生,屏声敛气,专心聆听。说也奇怪,人心静下来了,老师讲的东西,就很畅通无阻地入脑了,所以收获就多了。

在北大待了几天,我开始自来熟地去食堂、教室、未名湖边走走。这个时候,"恐高症"减退,我不再觉得北大如何高不可攀,它现在在我眼里就是一所大学、一个读书的好地方。我们身边走过的一个个年轻学子,可能就是某地的高考状元,我试着去体会他们的心境。状元是对已往学习生涯的一个总结与表彰,进入北大,你就是芸芸众生中的一个,所有光环瞬间消失,你必须脚踏实地,一切从头开始,在这个过程中,历练一种从容心态,期待破茧成蝶。所以,路漫漫其修远兮,对于他们来说,一定是这个意思。而对于我们这些中年人而言,也是如此。正如我们上课时听到的一句,"有何胜利可言,坚持才是一切",说得真实在。

(刊于 2012 年 8 月 8 日《宁波晚报》)

有这样一所学校

战争刚结束,满目疮痍,这所学校,就是一个烂摊子。

学生稚嫩的心灵都曾遭受过战争残酷的碾压,教师大都刚从战场回来,一副"兵大哥"的作风,吸烟喝酒,行事简单粗暴。校长的健康状况令人担心,他的胸部留有战争的两块弹片。但校长决心,要把学生培养成全面和谐发展的人。

看到上面的描述,也许你将信将疑,但如果你到这所学校读过书,你会感受到,这梦想触手可及。

在你还没上学时,你会被学校邀请参加联欢会、看节目表演、吃学校里自种的水果。当你入学时,会有"首次铃声"节,由即将毕业的学生为你们举办,赠书、移交种植的树、同栽友谊树,你会很快喜欢上这所学校。学校还有个"最后铃声"节,这次轮到你们向毕业生赠书,很多成年人、老毕业生都会来参加,节日最后是教师集体的临别赠言,令人难忘。

当然,学校里的节日可不止这几个,每年元月三十日的老校友会晤、"女孩节"、堆砌雪城的"冬节"、"果园节"、"首捆庄稼节"、"新粮面包节"等,就像校长说的,"我们的学生对童年、少年、早期青年时代都会留下最温暖、最亲切的回忆"。

学校有很多面向大自然的集体活动,譬如"蓝天下的学校""大自然——健康的源泉""劳动世界""幻想之角""健康乐园"。小学一年级学生的第一课就是在苹果树下、葡萄园中、柴草垛旁上的,这会使你不自觉地爱上学习。

学校上午是课堂学习时间,下午是自由活动时间。校长说:"学校绝不让低年级学生一天在室内进行三个小时以上的脑力劳动。"所以,下午你可以参加各种活动小组,低年级有各种创造性活动小组,中年级有各种农业小组和技术小组,高年级有各种学科的小组,譬如无线电技师小组、植物爱好者小组、自然资源考察小组、刺绣小组、劳动创造小组、义务文化小组。学校建有很多活动场地可以供小组活动使用,如剧场、电影厅、暖房,周边还有教学实验园地、果树苗圃、养兔场、葡萄园、养蜂场、农庄奶品场、水上活动站。

学校环境很好,因为学校的花草树木都不是随意种植的,而是"考虑了每棵花木、每朵花所能赋予人的精神生活的某种审美和情绪色彩"。校园里还种植绿化屏障、葡萄树、柑橘类植物,目的是让师生呼吸到清洁而新鲜的空气。

学校每栋楼和主楼的每一层都设有一个阅览室,主楼里有数学专用室、语言文学专用室、家长活动角、摄影实验室,还有非常特殊的一个角落叫"女生角",专门放置关于女孩子发育成长的书籍。

老师有专门的休息室,里面放有鱼缸、花草、软椅、杂志和象棋,这使老师心情放松。校长说:"必须保护教师,使他们从文牍主义中解脱出来。"老师除了教育工作计划和课时计划外,不写任何总结和工作汇报,在上课以外参加其他活动的次数,每周不得超过两次。所以,老师就会有闲暇时间,用于阅读文艺作品、到城里去欣赏音乐和歌剧、散步、看书、在田野里劳动。

在学校生活了一段时间后,你会发现自己面色红润,充满活力,因为学校一直跟踪着你的身体状况。在你还没上学前,校长和校医就来你家家访,为你建立健康档案。你的课桌椅都是量身定做的,每年都会检查和调整,以适合你不断长高的身体。学校所有的课都在自然光线的照射下进行,你的视力一旦异常,校医就会给你调整营养和作息时间。上午两节课后,学校食堂会提供一杯牛奶和一块面包,校长强调,"任何时候都不能让孩子有'饥肠辘辘'的感觉"。你们在就寝前从不进行紧张的脑力劳动,更没有快速的教学方式和高强度的学习,因为学校认为这会损伤大脑,影响睡眠质量。校长说:"凡事总要循序渐进,井井有条,凡在青少年时期丢失的,事后就永远无法弥补。"

当你在学校过得很开心时,你会发现父母和你的相处也日益融洽,因为学校办有家长学校。你在学校里学习十年,你的父母也要在家长学校学习十年。家长学校每月上两次课,其中心理学和教育学课时达到250课时数,比一个师范生读得还多。校长亲自编著教材并上课,还有教导主任、课外活动负责人、教师和校医也讲课。而学校也会控制家庭作业,给你和父母的交流留出时间,因为校长确信,"孩子平日里不经常同父母精神接触的那种教育是不正常的畸形教育"。

每读至此,我的心总会微微战栗,有种想流泪的感觉。我只能承认,拂去世俗种种的浮躁,还原教育的本真,她真是极其美好的事业。如果我们能够真正热爱并尊重儿童的发展,教育就一定是那种能够点燃生命之火的事业。

也许你已经猜到了,那位校长就是苏联著名教育家苏霍姆林斯基,那所学校叫帕夫雷什中学,教育史上永远的旗帜。让我们走近他,走近真正的教育。

(写于 2013 年 3 月 10 日)

第二篇章
一个人的成长

作为一名长期从事教师培训工作的人，我仿佛已经养成了一种职业嗜好，那就是对"一个人的成长"总是充满好奇，他为何会成长为这样的人？他是怎么走到这一步的？当然答案是众所周知的，不外乎学校教育、家庭教育、个体主观能动性等。但这些答案大都比较抽象，而从触动人心的角度而言，我更喜欢从那些感性的、类似教育叙事的人生故事中去寻求真相，并以此渗透到自己的教育工作之中。

值得培养的品质。在一个高级研修班中，面对那些中小学名优教师，我设计了这样一个课程模块，即"个人专业发展路径回溯与愿景构建"，请学员将自己的专业成长之路作一个梳理，以进一步清晰今后的发展方向。显然，把这些材料通过视频、文字的形式整理出来，对青年教师而言是一个特别好的精神财富。在学员的"回溯"中，我听到了很多故事，触摸到了很多感人的细节。我再一次深切地意识到一个人拥有梦想，并被激发主观能动性有多重要；感受到家庭教育有多重要，父母对孩子的期待是多么大的动力；感受到一个人面对挫折时不服输的精神力量有多大。我们总是看到那些名优教师光鲜闪亮的一面，却很少聆听到、注意到他们一步一个脚印、踏踏实实的精神和对教育工作的热爱与付出。

所谓"条条大路通罗马"，我们并不能清晰地找到哪条路是捷径，哪条路可以少走一些弯路，但总有一些蛛丝马迹，能够提醒或者启发我们。有梦想、肯努力、能坚持、善于反思，是"一个人的成长"中非常重要的品质，而持续的获得激励或正向反馈是非常好的推动力，这个力量可以是努力后得到的，也可以是他人，包括家长、教师、同伴提供的。

欣赏每个学生的差异与努力。"世界上没有两片完全相同的叶子"，人与人之间的差异有先天的，也有后天的，种种因素交织构成了一个独特的、与众不同的你。有这样的底子作为铺垫，每个人对外界给予的影响的反应自然也是不一样的，有的快、有的慢，有的进步明显、有的则可能毫无起色。如果我们承认人与人之间的差异性，我们就会对学生的成长抱有深切的理解、宽容与期待。如果我们了解那些看似不起眼的文体活动、同学友情、表扬鼓励的成长意义，我们就会对丰富学校生活多一些积极主动。所以我们还是要走近学生，"近水知鱼性，近山识鸟音"，多观察、多了解，看到他们的差异与努力，感受到什么样的教育引导才是更有意义的。

引导学生寻求成长的突破口。对于成长道路，有时候命运是允许你做选择的，但有时候你是被命运推着走、挟裹着走的。而真相在于，"人一次也不能踏进同一条河流"，所以才有"此情可待成追忆，只是当时已惘然"的慨叹。在历史长河中，在浩瀚宇宙中，作为一个人是不足道的。但人之伟大，就在于即使遭遇很大的挫折和磨难，也大都能寻求到自我救赎的道路。当你回过头去，就能清晰地看到这个挫折磨难在人生的分量与影响到底有多大。但作为当事人是很容易"只缘身在此山中"而不明所以，以为遭遇人生重大打击而一蹶不振，特别是学生，他们没有足够的人生阅历来认清这一点，就更容易放大各种遭遇。所以，作为教师应该有这个义务与能力，帮助他们寻找希望与突破口，这就是教书育人精神的体现。从这个意义上来说，教师一定要学会"阅读"人生，而不是只盯着自己所教的学段或者学科。多读书、多观察，学会从人生更长的时间轴上来思考学生的成长，引导学生从挫折与磨难中寻求成长的力量，也尽力帮助他们在可能导致的"跑偏"中及时止损、刹车。作为伴随学生成长时间较多的老师，不好说是否能够决定学生的成长，但给予一定的成长力量是能做到的，有时候教师的关心帮助，真的能成为照进学生心灵的一束光。

两个人的沙滩

前不久，我去舟山大衢给一个成人学历班上课。我对那里几近一无所知。从地图上看，应该叫衢山岛，不过人们日常叫它大巨。记得去嵊泗玩时，船在大巨停靠，从船窗望出去，似乎没什么房子，不像个码头，人上了岸，就浪拍岸似的散了。这一瞥，似乎有种荒凉的感觉。

我是带女儿一起去的。下了船，站在岸边，看海上土黄的浪渐渐过渡成蓝色，大块大块的色彩变换，白云在海上投下的阴影也波动着。女儿欢呼起来，我对她也是对自己说，有这个看，还是值得的吧。

我们住在镇上的小宾馆，是由私人造的住房改建的。从窗口望出去，大都是一幢幢三四层的民房，显见岛民的富足。不远处有低伏的青青山坡，这是叫人愿意站在窗口眺望的理由。因为没什么污染，天空的纯净度很高。白天，阳光不费力气地直泻下来，很刺眼，让人不由得眯起眼睛来。晚上，月亮和星星如同水洗过一般的清朗，仿佛离你很近。

这里的生活节奏有些不同。上午上课时间定在七点半，我开始时不习惯这样早上课。但发现这里五六点钟天就亮了，窗口下的街道上已经很热闹了，卖西瓜、葡萄的摊子，买菜的行人，中巴车和出租车的喇叭声。单位上班也早，路边邮局门口的牌子上写着上班时间是七点。下午一点多，我步出宾馆，沿着街边走去学校。炫目的阳光照着街头巷尾，人们算是被这阳光逼退了，街上空寂寂的，热而不闹。阳光照得一切都是白晃晃的，一切看上去仿佛都很不真实，我打着伞，走在修路铺就的沙砾上，恍若梦境。

海岛的学员，城里来的老师，两相对望，彼此心里都有些微妙。记得和接待的老师一起坐出租车时，他说司机就是他的同学。经他提醒，我了解到，这就是这里和城市不同的地方了，这里的人基本彼此熟悉，都是左邻右舍、乡里乡亲的，治安很好。如果没有现代科技的影响，这里算得上世外桃源，"不知魏晋"了。

课间，站在四楼的走廊，看得到山、海、停泊的渔船，我努力想象，假如我是当地人，我会厌倦这一成不变的日子吗？还是喜欢这种安逸单纯的生活?"我们这里很落后吧?"边上站了个男学员,仿佛洞穿我的心理,突兀地问了我一句。我记得他一直都沉默地坐在教室后面的角落,对课程似乎没什么兴趣,发呆的时候居多。我回答的话脱口而出:"不会呀,我觉得这里的空气特别好,不嘈杂,是个过日子的好地方呀!"我对他的问题作了否定的回答,无意中也肯定了自己的后一个问题。当然,刚从钢筋水泥城市里出来,我怎能不喜欢眼下的生活? 他嘴一咧,不置可否,表情里有年轻人充满激情和期待的不安分。

傍晚,有位男学员陪我们去沙滩走走。在一浪一浪涌来的海边,女儿很兴奋,我也忍不住脱了鞋在沙上行走。这里还没怎么开发,人很少,不像嵊泗、象山的沙滩,到处人挤人。那位男学员是土生土长的海岛人,连名字里都带了个"海"字。现在他已调出这个海岛,到城市里工作了。不再与海浪为伍,而是在人潮中打拼天下了,选择了一条辛苦得多的道路。他像个局外人一样看我们嬉戏,说他们从小整天待在海边,没什么感觉了。在有一搭没一搭的聊天里,听他说起他小时候的生活,然后我被他一句诗意的话深深触动:"那时候,我常常望着海,总是觉得很好奇,总是想长大后一定要去看看海的那边是什么。"他说着,仿佛又回到了童年,望着大海出神了许久。

也许,住在城市里的人,像我,容易被海岛清静单纯的生活所迷醉,而每一个长在海岛的孩子,站在一望无际的大海边,会无数次地想:海的那边是什么? 住在山沟沟里的孩子,爬上山头,会无数次地问:山外头是什么? 我想起钱锺书先生的《围城》里那句经典的话,有些相似罢。但这个时候,我感受到的,不是调侃,而是感动。面对一个从小有梦想的人、一种为了梦想而奋斗的人生,是没有理由不敬佩的。而无论何种生活方式,能让心灵品味到幸福的,都是好的。

离开前的一天傍晚,我和女儿又去了那个沙滩。在几个弄潮儿上岸后,沙滩上就剩了我们娘俩。在些许的担心不安过后,我们开始享受着两个人的沙滩。女儿堆沙子玩,我面对大海闲坐着,看那海浪一波一波地涌来又退去。

(刊于 2006 年 10 月 24 日《宁波日报》)

晚熟的人

昨晚,她丈夫还有点奇怪,她为何对这事这么放不下,按说她已经尽力了。一个朋友托她给一个要去面试教师职位的大学生辅导一下,她花了一个小时的时间,仔细给那个学生做了辅导,一直到晚饭结束,她还在嘀咕,还有什么是自己可以做的。她为自己操心过多的行为解释说,可怜天下父母心。

那个学生是他父亲陪同过来的。像这种情况,是很容易被扣印象分的。这样的年纪,还要父亲陪同,显见缺乏独立性,现在的招聘单位就最不待见这一点,对此她也持同样态度。

那个学生听得很认真,但也不见得机灵与敏捷。她问了一下,了解到这孩子在学校里没获得过什么荣誉,但也没犯过什么错。看他父亲热切着急的表情,不时地插话叮嘱,她也基本可以判断,这孩子的普通和拘谨与他父亲过多管束不无干系。当然这个时候,她也不便对此多说什么。她只是尽自己所能,给那个学生做了精心的辅导。

她难免想起自己的过去。

二十多年前,大学刚毕业,她也曾由父亲陪着去联系工作单位。父亲一向是不善交际的"书生",那时的她,更不懂得在这种场合如何说话。所以一般都是父亲和对方交谈,她只在边上沉默地等着,想必她也因此被对方扣了印象分。父亲介绍说,她考出了英语四级证书。这在那个时候也算是不错的成绩。可惜对方听了呵呵笑,说这个不稀奇啊,现在六级都很多了。言语里似乎在笑父亲的"迂",父亲认真而急切的解释近似辩解,这局促的一幕就这么清晰地烙在了她的心里。

也许在别人眼里,她是一个比较优秀的孩子,学习成绩不错。但她知道,这个优点到了大学,还真不算什么,因为她除了学习,其他什么都不擅长,文艺晚会、运动会,凡是热闹的场合,她从来都是一个观众。所以,她的大学生活也就平平而已。

大学时去师范实习,她是很不起眼的一个。也许还曾令指导老师担心吧?因为她的课上得有点语无伦次,自己都不知道在说什么。但实习结束时,她却是最特殊的一个,她和学生处得很好,学生舍不得她走,班级的欢送会数次中断,几个同学跑出去在走廊上大哭,她只会不知所措地看着他们。毕业工作很多年后,那些学生还辗转打听到她的住址,来看她或者给她寄来家乡特产。当然现在她知道,对学生的爱是作为教师最重要的品质,但很遗憾那并不是考核的内容,所以当初她的实习成绩并没有拿到"优秀",只是平平无奇的一个"合格"。

现在想来,她就是一个典型的晚熟的人,甚至工作很长时间之后,表面上看,她也还只是一个勉强够格的教师。她找到当老师的感觉,或者别人看她是个不错的老师,也许就是近几年的事。

但是她越来越意识到,她天性里的一些潜质是特别适合教师这个职业的:教师家庭里的重教背景,安静不急躁的性格,做事认真,对人的悲悯之心。可这些东西一时半刻哪里看得出来?只有在平和温婉的氛围里,才能慢慢地把这些种子孕育出来,这并不比学生的成长来得容易。

现在,她已经有资格坐在那里,当一名认真而挑剔的评委或者考官。现在的确可以,也必须挑剔,因为她往往要从手头几十个人里挑一两个出来。评委这个位置,在对方有点拘谨而紧张的神情里,自然是容易让人感觉良好的,但她时有恍惚。

她难免会设想,如果二十多年前那个青涩的自己来面试,那十有八九是要被现在这个冷静的自己淘汰的。那是显而易见的。她是个扔到人群里毫不起眼的小姑娘,既没有悦目的外表,也缺乏机灵的表情,更没有伶牙俐齿的口才。当然,她现在依然普通,但经过那么多年的历练,总还是有了一些成绩,而这些成绩足以使她坐在面试考官的席位上,她的人生经历告诫她,她应该给像她当初一样的普通孩子一个机会。

在这个越来越以"快"取胜的社会里,谁会这么耐心地等待一个人如此缓慢地成长呢?所以,她终究是感恩让她缓慢成长的环境,她也希望现在的自己成为其中的一分子。

(刊于 2013 年 6 月 19 日《宁波晚报》)

在路上

前不久,去湖北神农架玩。当时全国普降大雨,崇山峻岭里的神农架更甚。山上雾气弥漫,加上部分地段在修路,山路崎岖泥泞,车只能慢慢地开。

给我们开车的是位清瘦的司机,不到三十岁吧。导游介绍说,"师傅姓易"。大概他更识路,我们两辆旅游车,他打前阵。

我坐在第一排,视野很开阔,这时却不是好事儿。有时浓雾过来,能见度不到十米,身边就是悬崖绝壁,有时车还会左摇右晃,估计我的脸都已经吓白了,呵呵。于是,一路上我熬不住地胡思乱想:这稍一松懈,不就掉下去了?我能逃脱吗?估计不能。当然,如果受伤,还得强忍着痛楚向记者描述当时的情形,估计是要用作报纸头条的。

后面的乘客看不清车窗外的风景,车子又左弯右拐的,熬不住瞌睡,车厢里渐渐寂静了。导游陪着师傅说了会儿话,也撑不住,没了声音,睡意如车外的浓雾弥漫车厢。易师傅无奈地看着边上打盹的导游,在转弯处把喇叭摁得非常响,仿佛是在警醒自己。我愈加不安,开始和他搭话,他似乎很乐意交谈。

在我的印象里,职业使然,司机多比较沉默。如果乘客不守时或乱丢垃圾,司机可能还会给点脸色看,这样就更没有聊天的可能了。这位易师傅不一样,他虽非常爱惜车辆,每当我们下车看风景时,他总是一声不响地打扫车厢、倒垃圾、拿拖把擦车身;若车子再被弄脏,他还是毫无怨言地打扫。所以,这一路来,车子内外一直非常整洁。他很细心,我拿纸巾擦车窗上的雾气,想把外面看清楚些,他就递了抹布过来,说用这布擦就不会起雾了。他的眼神温和而友好,这是我愿意和他聊天的基础。

易师傅说,他是广东人,曾在武汉当了五年兵,后与一位当地姑娘结婚,就没回家乡。我特意问他开了几年车,他说,在部队里开了五年。一路上,我常在心里默念"五年",仿佛这俩字可以保证车子不掉下去。的确,细瞅易师傅,不夸张地说,眉眼间的确有军人的神态,平静而坚毅,这使外形瘦弱的他有了别样的气质。

易师傅开车，不是技术，有点战术的意味。每当过弯时，易师傅早早摁响了喇叭，提醒对面可能出现的车辆，有时在下坡路也一路摁喇叭，说是前方有村庄。有的地方只能过一辆车，他就早早地把车停好，或者倒退一些，预计得非常准确。他还戴着耳机，和后一辆车保持着联系："有一辆车过来，当心。""前面有塌方，慢点！"有点协同作战的意思。他还让我们这车的导游跟后车的导游通话，要对方陪司机说话，千万别让司机打瞌睡了。他自己也一直以各种方式努力保持高度的清醒，他甚至惊喜地说："看那边！岩石多漂亮！"我吓了一跳："你还有空看风景啊，多危险！"他解释说，眼睛总盯着前方，更容易疲劳。易师傅有点小幽默，前面的客车开得很快，我说，这样的路还开这么快！易师傅说，它这装的是货，当然快。我说，这不是卧铺车吗，刚才我看到里面躺了人的。易司机的声音里透出点笑意：他是把人当货运的吗！我和边上几个醒来的人忍不住乐了，车厢里又热闹了起来。

一段险路过后，我舒了口气。易师傅的车技真好，车开得轻盈灵动，如行云流水，在青山绿水间穿行，仿佛五线谱上的音符，要与这美景产生共鸣。这时候，你再不敢小觑司机这个职业，他没把我们当"货"运，我们也没法把他当"工具"看，他举手投足间像指挥家、将军一样从容沉着，你在其中能感受到一种智慧，甚至一种人生哲理。他在享受这个工作，我们也获得了一种享受。这山路十八弯的，开了大半天呢，我没晕车，一车人都没晕。

下了车，我由衷地对易师傅说："谢谢你！"出门旅游，美景令人心旷神怡，而邂逅像易师傅这样的人，不是使这美景更有了留存脑海的意义么。

（刊于 2007 年 7 月 31 日《宁波日报》）

"格格"导游

　　小李是我们去东北时的导游，圆圆的脸粉粉嫩嫩，说话嗲嗲的。她不像一般导游，无论对方年龄大小都调侃地称"帅哥""美女"，她叫团里年长的，"王伯伯"，对方纠正她说，"是王爷爷"，她果然很听话地叫"王爷爷"，非常可爱。

　　小李的眼珠子有些灰褐色，有点像外国人。我们很好奇，问她是否有外国血统，她说自己是内蒙古人，妈妈是满族，我们笑称，"原来是个'格格'"。

　　小姑娘职高毕业才一年，就已经有些锻炼出来了。譬如，每次等我们上菜了，她才去用餐，且时不时来问候一声；门边若是挂有门帘，她就赶紧上前，为我们打起门帘；谁说话有什么不妥，她就赶紧提醒。最有趣的是，有次班机因故延迟，她去和机场人员理论，满脸通红，眼睛水汪汪的，似乎急得要哭出来，但她即使生气，声音里还是带点甜甜的味道。所以机场人员一点也不介意她的措辞，倒饶有兴趣地看着她。

　　后来，她和我坐在一起，问我旅游的感受。我也正对她很好奇，于是接下来就变成我"采访"她了。她本在呼和浩特读书，因为爸爸到宁波来当一个内蒙古产品的代理人，对宁波印象不错，就把女儿带来了。她进了一所旅游学校，成了一名职高学生。

　　初到他乡，满眼生疏，但学校有社团活动，小姑娘就报名参加了学校舞蹈队。她虽没正经学过舞蹈，还有些婴儿肥，但少数民族能歌善舞的天性还是存在的，于是她很顺利地考进了，没多久还成了领舞的人。毕业前一年，市里有个舞蹈比赛，不巧舞蹈老师回家生孩子去了，没人排节目，就把这个任务交给了小李，让她去跳个独舞。小姑娘被老师的信任所激励，心想，得找个有个性特色的主题，结果就挑了蒙古人顶碗的舞蹈，买了张VCD自己看着练了一段时间。后来，老师陪着去找了个专业的舞者指点了一下，譬如眼神怎么跟着动作转。最后她的独舞竟然得了市里的一等奖，这一次得奖把她内心的一些东西点燃了："要用点心思读书了！"听她的口气猜得出，她原本是不怎么爱学习的。后来要考导游资格证,小姑娘发了狠心,前所未有的认真,根本不看电视,也不外出逛街,整天捧着书,翻来覆去地看。自然,导游证也考出了。

职高毕业后顺利找到了工作。她说,第一次带团是临时安排的,她赶紧准备了两天,就出发了。她自己从来没有坐过飞机,所幸这个团的客人也都是第一次坐飞机,紧张又好奇。"我当然不能说我也是第一次坐飞机,我还得装着坐过很多次的样子,把书上看到的告诉她们,说坐飞机和坐车差不多,不用紧张。"小姑娘不动声色地避开客人,去询问机场人员,换来登机牌,托运好行李,又对别人旁敲侧击,才知道登机牌上的哪个数字是座位号。我听得大笑,不由想起自己第一次走上讲台的情形。

导游收入不高,但工作压力很大。我问她是否喜欢这份工作。她说"现在喜欢",因为能免费去很多地方,认识各种各样的人。我留意到她强调了"现在"两个字,看得出小姑娘不是一个盲目乐观的人。她说,她喜欢宁波,她很适应这里的生活,第一次吃海鲜,包括吃咸蟹、蚶子,都没拉肚子。以后爸爸妈妈估计要回老家,但她是打算留在这里了。"爸爸妈妈放心吗?""他们不放心,不过他们说我当导游一年了,人变得老练多了,懂事多了。"有次带团到自己的家乡呼和浩特,小姑娘很兴奋,也很自豪,但是她克制住了,没有呼朋唤友,一直到把客人安顿睡下,才赶紧打车去看望奶奶。

现在,小李在攻读外语。说到未来,她的眼睛闪亮闪亮的,她决心考出能带国际团的导游证,让自己能有更开阔的眼界。我很高兴这位可爱的"格格"加入新宁波人的队伍,我也很开心她把宁波当作人生的崭新起点。我祝她能实现自己的梦想,我也相信她肯定行!

(刊于 2008 年 2 月 27 日《宁波晚报》)

学生小米

其实刚看到小米的邮件时，我还以为是垃圾邮件，差点给删了。小米在邮件里问，王老师，你还记得我吗？然后她做了自我介绍。我记性不大好，但是小米说了一些细节，我就记起来了。

两年前，小米是我校大专班的学生。我给她们上过一门课，其实也就两天时间。大学里就这样，如果不是当班主任，这样的上课犹如蜻蜓点水，并不能和学生有多熟悉，但有些教学环节是记得的。因为是上"家庭教育学"，我让这些学生搭伴上台，扮演父母的角色，创设情景对话。这个班都是女孩子，很热闹。小米很安静，带着些淡漠的味道，显得比别人成熟。这次，她演了一个母亲的角色，是其中最出彩的一个，大家掌声不断。她回到座位上，立马恢复了原来的神情。我由衷赞叹，表扬她"收放自如"。根据大家的评判，我把自己的散文集送给了那几个优胜者。小米在邮件里说，我在赠书上给她写的是"祝你唱出自己的精彩"。第二天她还等着我来上课，但是我的课结束了。她以为会在校园里碰到我，但一直到她毕业，再也没遇见过我。末了，她说，"谢谢您在我校园生活中留下了一点温暖"。

从当教师以来，我表扬过很多学生。自然，小米的事算不得什么。她若不说，我也早忘了。她如此肯定我，让我感到安慰，也有些惊奇。我给她回了信，告知她我的坐班地点，欢迎她有空来坐坐。

过了一段时间，小米来了。她站在我面前："王老师，还认识我吗？"我有点探询地问："小米？"她很高兴。就这样，我们坐下来开始聊天。她这次来，好像是要给她的学生生涯做一个回顾。小米说，她小时候活泼好动，但是成绩不好，经常被老师批评。有时，老师的话说得重了，她真的希望"地上有条缝可以钻进去"。学校的唱歌跳舞活动，是小米最喜欢的，但老师总让成绩好的同学参加，让她先读好书再说，所以她只有羡慕的份儿。小米说："那时有部电影叫《烛光里的微笑》，我就想，为什么我的运气那么差，遇不到这样的好老师？"父母也对她日渐失望，她小小的心灵就这么一点点萎靡下去了。小米只希望自己快点长大，早点离开学校。"不过读职高还好，因为大家的成绩都差不多。"快要毕业时，小时候所盼望的那一天终于到来，可以离开学校了，这时却得到了我的表扬，"真没想到，要结束了，最后还是有温暖的"。

小米在叙述的过程中，一直微笑着。我留意到她的眼睛似乎有点湿润，心想，她不是要哭吧？但到后来，我发现那就是眼泪，她终于没忍住。我把纸巾递给她，微笑着看着她，没吭声。成长里累积的那么多不快乐终于释放了，这是该高兴的。小米不好意思地笑了，擦着肆意流过脸颊的泪水，顾不上办公室里还有我的同事在。

我一直以为，把老师比作"灵魂工程师"是很夸张的说法。我一日日地做着教师，在琐碎里慢慢麻木了一颗热忱的心，以为自己不过如此，学生不过如此。但是，小米重新唤起了我对这份工作的敬畏之情：还是会有学生需要的，在某个路口、某个不远处等候着，淡漠的表情下，等你发现他们，来到他们面前。一句鼓励的话、一个欣赏的眼神、一个肯定的举动，你自以为不费什么劲，但却是他们失落的心所需要的。你忍心让他们一直等下去吗？

小米已经当了两年幼儿园教师了，我相信她会是个好老师。她说，领导也表扬过她。她领着小朋友们散步，站在队伍前倒退着走，面朝孩子们，牵着他们的手。

（刊于 2008 年 9 月 10 日《宁波晚报》）

毕业季

六月份是一个毕业的季节。

幼儿园小朋友要毕业了，小学生要毕业了，初中生要毕业了，高中生要毕业了，大学生也要毕业了，而且就要成为职业人了。再说得远一点，工作到退休了，但如果报名参加老年大学的话，那又是一个"清烫火热"（新鲜出炉）的新生了。

人生漫长，但由于被分成一段一段的，所以总会有新鲜感和诸多感触。当然，在这个身份的转换中，很多时候，人们都来不及回味，在原来的阶段还没有画上句号的时候，就匆匆踏上了新的征程。譬如四五月份，幼儿园小朋友就已经被家长带着，到小学里去参加考试或者面试。而一些被提前录取的初中毕业生，已经在家或者在学校开始高中课程的学习了。

女儿被提前录取的那天，第一个反应是"不用去上课了"！这是她曾经梦寐以求的，在她做作业做得心烦的时候，她甚至发誓说，中考结束的第一件事就是把作业撕了。但是现在，她说撕作业太累了。她本可以在家休息了，但是老师希望她去学校帮帮忙。更重要的是，那一周轮到她值日，她是值日组长。同学们忙着复习，她觉得自己更应该去做值日。

所以，虽然不用上课，但她照常去学校。同学们看到她说，咦，你还来干什么？话里似乎不太欢迎，但声音里满是惊喜，甚至有要好的同学冲过来抱住她。所以，女儿总是认真做完值日，最后一个走出教室，锁好教室门，忠实地履行着值日组长的职责。

做完一周值日后，女儿真的没必要去学校了。可是那天早上，我还没起床，她就靠到我身边，我刚想祝贺她可以休息一段时间。可是当她抬起头，我才发现，她满脸都是泪水。她问我："我是不是一个慢热的人？"她说，刚读初中时，也没什么感觉，可是现在，"我舍不得离开他们"。我忍不住鼻子发酸，她爱她的老师和同学，超过我的想象。

带女儿去高中报到。学生在教室里排座位，家长们在门口看热闹。新生们彼此不大熟悉，气氛比较沉闷，课堂里偶有轻轻的笑声。当然，我知道，过不了多久，他们就熟悉了，然后慢慢地就会拥有几个好朋友。而当他们毕业之后，这种同学感情会发酵似的增长，像血肉一样依附在他们的生命里，无法剥离。

我闲着无事，到隔壁教室里瞧了一瞧，发现教室后面黑板上写着一段话："写给下一届毕业生：如果再看你一眼 / 是否还会有感觉 / 最真实的喜怒哀乐全都埋葬在昨天 / 不掺任何的表演 / 轰轰烈烈那几年 / 我怀念 / 别怀念 / 怀念也回不到从前。"

这段话我刚巧熟悉，因为是女儿最近经常播放的一首歌，她介绍说是许嵩的《素颜》。自然，这不是现在这个班级出的黑板报，是刚完成高考的高三学生离校前留给学弟学妹的。也许，学弟学妹们现在并不能真切理解——当然，他们在三年后自然会理解的。而像我这样的成年人，很轻易地就读出了沧桑感。我终于意识到，即使是如此青涩的高中生，只要人生一个阶段结束，也是会产生沧桑感的。虽然，这个沧桑感会被新阶段的新鲜感所湮没，但它总是具有让人迅速成长的力量。而到了没有什么新阶段可以替代的时候，这些感触又会加倍地从心灵深处冒出来。

譬如最近这段时间，我们大学同学在筹办毕业二十年同学会。现在有了网络就方便了，我们建了一个QQ群，结果大家把二十年前的很多照片传了上来，包括到学校实习的、在寝室里光着膀子会餐的，什么陈谷子烂芝麻的事儿都给挖掘出来了。大家嘻嘻哈哈，热闹得不行。我知道，在大学四年，我们大多数人都找到了生命中的铁哥们或者闺蜜，一辈子的朋友。

前两天到一个宾馆去开会，在大堂里看到一大帮老头儿在报到，原来是在举行某中专的64届同学会。我们一算时间，那时我们都没出生呢，不禁咋舌。但是看看他们快活的样子，尽管岁月飞逝，情谊犹在啊！

记得爱因斯坦曾说过一句话："教育就是忘记了在学校中所学的一切之后剩下的东西。"现在，我对这句话有了更深的理解。毕业原来是一个学习阶段告一段落，而同学情谊永远也不会"毕业"。到学校读书，收获的不仅是知识，更是一辈子的心灵温暖。如果我们能挖掘和珍惜这些，相信没有一个学生会厌学，你说呢？

（写于2011年6月16日）

1988 年的信件

1988 年,没有网络,没有手机,电话都很少,所以人与人要联系,多半是靠写信的。2012 年的一个晚上,因为要找几份资料,我翻到了这些二十多年前的信件。

那时我在杭州读大学,这些信中,有一叠是我写给父母的,用橡皮筋扎着,按照时间先后,父亲给每封信都编写了序号。不知哪一次搬家,父母就把这些信交给我保管了。我读书时,差不多每周都给父母写一封信,汇报学校生活,父母也及时回信。如果一方没有来信,另一方心里便会不安。记得有一次家里很长时间没来信,我就急着坐火车赶回宁波,才知道父亲住院已有一段时间了。现在二十多年过去了,我和父母住在同一个城市,每天就打个电话问候一声,每周可以去父母家,和他们一起吃顿饭。

有一封信是叫琴的大学室友写给我的。那是 1988 年的暑假,我们都回家了,琴一个人留在学校勤工俭学,每天两小时,一小时一元钱。那时有个同乡在追求她,但是琴并没有什么兴趣。琴在信里写道:“这个暑假对我有所影响,一定的。一个女孩子要想独个儿干事,实在不易。”二十多年过去,琴已经成了一名副县长,她的独立与坚强也许在大学里就锻炼出来了。现在她很忙,我们也很少联系,但对彼此的生活轨迹大致都了解。

有一封信是叫香的大学室友写给我的。她出身农家,暑假里要起得很早去帮父母干农活,她在信里说:“我已晒得不成样子,全指望回学校去吃‘去黑回白’的药了。”这样的妙药自然是没有的,但大学生活本身就是滋养身心的良药,所以,很快便会“白”回去。那时她有一个蛮要好的高中男同学,但他复读后还是没有考上大学,所以她的父母并不赞成,她在信里说:“这之后,意味着什么,已是心照不宣了。”现在读来云淡风轻的话,当初肯定也是经历痛苦的心路吧?香一直是个很能吃得起苦的女子,孝敬父母,积极上进,凭自己的努力,把工作做得风生水起。

我干脆坐在地板上,一封一封地翻阅这些珍贵的信件,翻阅着二十多年前的记忆。有的同学当初很要好，但现在已失去联系多年；有的同学当初要好，现在比过去更谈得来；还有的来信者我根本想不起是谁，也许是刚认识的一个人偶尔通的信吧？却在二十年后以信件的方式，执着地想唤起我的记忆。

那些信件多是1988年的。也许因为我们刚读大学不久，紧张的高中生活画上了句号，又第一次远离父母，青春做伴，对大学生活颇感新鲜，所以有无数的感触要抒发吧？那些信封都是窄窄短短的，有白色的，也有土黄色的；白的单薄，土黄的粗糙。信封右上角照例是贴邮票的，可有趣的是，没有一张邮票贴在这个位置上，都是贴在信封的背面。有些信纸是作文纸，下面写着"15×20=300"，表明这张纸有300个空格，这曾经是我们最热衷关注的，因为老师对写作文总会有字数要求；有的信纸显然来自父母，上面印着的红字是单位的名称，纸张薄但很白，很有单位来函的庄重感。

那些字，有些是用钢笔写的，有些是用圆珠笔写的。而其中的共同点是，二十多年的时间，并没有对那些字迹造成丝毫的磨蚀，仿佛就像昨天刚写好寄来的，字迹清晰，甚至鲜明。有的字力透纸背，第二页的空白处都留下了第一页文字的痕迹，仿佛钢板刻印，热切的同学之情似乎触手可及；有的涂改之处，墨水渗开的痕迹仿佛刚干，让人感觉时光从未流逝。

在这一霎间，唤醒了我所有温暖的记忆。我当时有冲动，想立马拨通他们的电话，把这些二十多年前的信读给他们听，我最想问他们一句："你还记得吗？"因那天太晚了，所以电话是第二天拨的。可是，我也知道现在大家都在忙工作，所以接通电话的第一句，却是很小心地："你——现在方便说话吗？"如果能得到肯定的回答，那么接下来就是我兴奋的一大段话，可是我听到的多是电话里压低的声音。所以，后来我用短信、用QQ告知他们前因后果。

短信里不能畅谈的郁闷，QQ上简约的留言，一切远不如我拿在手里的那几封信来得真实。可是，我当然相信，此刻的他们，一如我心生温暖和感怀，瞬间重返1988年的那一段时光，温习当初青春的纯真与热忱。

（刊于2012年6月14日《宁波晚报》）

寒山寺

"月落乌啼霜满天,江枫渔火对愁眠,姑苏城外寒山寺,夜半钟声到客船。"张继的这首《枫桥夜泊》,相信许多人会背得非常顺溜。学生时代的背诵总有好处,它让我们对古代诗词有种熟稔感。但年少时的我们只能把自己当成背诵机器,以便快点把这一页翻过去。所以这个后果是,当我有了写读后感的冲动时,二十多年过去了。

其实,来到"姑苏城外寒山寺"是个偶然。国庆节出发旅游时,一家三口还在车里讨论去哪里。当世上有太多的事情需要循规蹈矩,我们终于找到这样的旅游方式,享受"随心所欲"的乐趣。常州恐龙园、南京、无锡,最后一站我们去了苏州。这样,我得以补上学生时代的那个"作业"。

到寒山寺已近黄昏,这个时候倒是适合感受古诗意境。因处旅游旺季,寒山寺周围人头攒动,一队一队的旅游团,各式各样的小旗子小帽子。临近景点关门,大家都急匆匆的要完成"到此一游"。一片喧闹氛围里,我们从黄墙边走过,抬头仰望寒山寺的古塔,耳边听到寺里传来的钟声,和我以前去过的寺庙似乎没什么两样。那条河,窄得让我们疑心怎可能有"渔火""客船"?仿佛为了回答我们的问题,有条灰头土脑的小船驶入我们的视线,在两岸辉煌灯火的映衬下,是如此不合时宜。但如果说这船是从唐朝驶过来的,倒还说得过去。

寒山寺里香火弥漫,钟声不断,后来才知道花五元钱就可敲三下钟。昏黄夜色里,我们弯下腰去认读石碑上的《枫桥夜泊》,各种书法字体,楷书、草书等,写着同一首诗:月落乌啼霜满天,江枫渔火对愁眠。姑苏城外寒山寺,夜半钟声到客船。有一笔一画的,有连笔的,有狂舞的。笔下流淌的,不知是对诗作者的敬意,还是宣泄内心同样排解不开的愁绪?

在慢慢地诵读中,字里行间,仿佛有时光隧道送来的一阵风。眼下的喧闹繁华如迷雾般渐渐被吹散,游人没了,灯火没了,商铺没了,吆喝声也没了,一切还原到张继的那个夜晚:姑苏城外的荒野,苍茫夜色,乌鸦的叫声,钟声悠长,如果要说有生气的,也许就是那渔火一闪一闪的。

《枫桥夜泊》这首诗的二十八个字里,什么都有了。文字强大的还原力足以让我掉落在这时光隧道里，随同张继一起叹息。而在这叹息里，心却是隐隐喜悦的，因为你无法言说的感受让这首诗照通透了，或者你无处寄托的情绪，居然有安放之处了。

"蓦然回首，那人却在，灯火阑珊处"，心不由战栗。

一个孤独的夜晚。这个夜晚是美的。孤独让喧嚣的内心沉静下来，降落到生命的最底层，那一刻，所有的感知都无比敏锐，你可以聆听到自己内心最本真的声音，可以触摸到大自然的些微动静。风吹草动，天人合一。孤独里，流向世界，涌入内心，修复心灵的伤口。

人，容易感受寂寞，却不容易获得孤独。现代人一有烦忧，总慌得不行，急于向热闹里去寻求解药，甚至希望能有猛药，一帖见效。电视、电脑，各种玩乐，声色世界，遮蔽了双眼，麻木了感觉，似乎很容易拂去烦恼。直到发现外物并不能排解自己的寂寞，却再也找不到回内心的路，这才意识到生命本是要靠自己的力量去完善的。

旅程回来后我读了些资料。据说，张继进京赶考失败后，想回到姑苏城，当时城门已关。张继在船里，用手指蘸着河水，在船板上写下了此诗。

张继的孤独弥漫了千年时光，引领无数失落的心，尝试去感受孤独的滋味，在吟诵中找到共鸣的安慰。清代邹福保评价说："诗人题二十八字，长留胜迹，可知佳句不须多。"是的，佳句不须多，四两拨千斤。如今，寒山寺几经修葺，早已不复旧貌。而《枫桥夜泊》永远弥漫在这个地方，带你回到张继的那个夜晚。

照亮无数人的某个夜晚。

（刊于2007年12月4日《宁波日报》）

生命之汁

杨绛是谁？也许不少人会把她介绍成钱锺书的夫人。我家里有两本她的书：《我们仨》《杨绛散文》。当初也是因为买钱锺书的散文，顺带买来的，而后一直搁在书架，没怎么去翻。这个春节里我拿来读了，才知她的书是值得一直留在身边的。

杨绛童年时，可爱调皮；青年迈入婚姻后，善解人意，也爱调侃，比如她写钱锺书到英国牛津求学，下公共汽车时不小心摔了一跤，写成他"吻了牛津的地"；人到中年，经历"文革"，与家人离散，写了《干校六记》，倾吐巨大压力下的生活感悟；老年了，文字平实戚然，"我们俩老了""我们仨失散了""我一个人思念我们仨"，不忍卒读。

当然，在她的文字里，我尤其留心关于一位女性、一位知识分子、一位妻子、一位母亲的内心世界的部分。

杨绛下干校劳动，环境单调艰苦，但心灵依然自由无疆，"整个冬天，我一人独守菜园。早上太阳刚出，东边半天云彩绚烂……我买了晚饭回菜园，常站在窝棚门口慢慢地吃。晚霞渐渐暗淡，暮色霭沉沉，野旷天低，菜地一片昏暗。远近不见一人，也不见一点灯光"。夫妻俩分居两地，杨绛还能开玩笑说，"我们老夫妇经常可在菜园相会，远胜于旧小说、戏剧里后花园私相约会的情人了"。

夫妻俩回想当初留在新中国，依然不后悔这个选择。"你悔不悔当初留下不走？""时光倒流，我还是照老样。"

如果你以为杨绛是个天不怕地不怕的女强人，那就错了。事实上，她的胆子很小。所以丈夫进城去，会嘱咐孩子好好照顾妈妈。晚上要外出，孩子不放心她一个人去，她说不怕，但"走到一片连接一片荒地的小桥附近，害怕得怎么也不敢过去。我退回又向前，两次，三次，前面可怕得过不去，我只好退回家"。

世上真的有这样的女子，她是娇小柔弱的，走夜路也可以把她吓退；但她又是坚强无比的，外来的风暴可以破坏，甚至摧毁她的生活，但她的心灵依然宁静而隐忍地在那里，她的目光依然悲悯而友善地注视着世界。这让我想起《飘》中拿小麦和荞麦打的一个很形象的比方,说有的人如成熟的小麦,因秆子里是干燥的,遇到狂风暴雨就被折断;有的人如成熟的荞麦,秆子里是有汁的,这使秆子有韧性而不会被折断。在我们的生活中,总是不鲜见小麦一般的人,因内心的匮乏而脆弱。而有的人则如荞麦,不是外力所能摧毁的,杨绛就是。学识才情的多年积淀、亲情爱情的悉心养护,强大的"生命之汁"使她无惧风雨。

老夫妻俩争读女儿从国外寄来的信、一家三口伏案工作、老夫妇俩相互理发……一家三口就这么相伴着过来了。读着文字,端详照片,如此打动人。

1997年,钱锺书病重,阿圆则是脊椎癌晚期,父女俩分住两处治疗。阿圆传承了父母的文字风格,在病床上给父亲写贺卡祝新年好,轻松调侃地告诉爸爸"我现在吃得多,出得多,脸是'翻司法脱'脸盘肥(清朝末年的英语学者杨少坪曾作诗讽刺洋泾浜英语的蹩脚发音,其中有'非司法脱脸盘肥'句,'非司法脱'为'face fat'的音译,钱锺书常以此诗逗钱瑗)……我的医院里有不少你的fans(忠实读者)",写给妈妈的是"牛儿不吃草,想把娘恩报。愿采忘忧花,藉此谢娘生"。还在下面画了个可爱的娃娃头。事实上她的病已经很重了,"牛儿不吃草",就是不能进食了。年老体弱的杨绛白天去陪老伴,晚上和女儿保持电话联系,心力交瘁。女儿放心不下,去世前几天,她自己已不能进食,还硬撑着写信教妈妈如何做简易饮食,注意营养。那年3月4日,女儿阿圆离他们先去,而此刻钱锺书也已病重,杨绛告诉钱锺书,"'自从生了阿圆,永远牵心挂肚肠,以后就不用牵挂了。'他点头,却闭着眼睛"。

女儿去世后,夫妻俩更成了对方唯一的依靠。在杨绛看来,丈夫一直在强撑着,怕她埋怨说撇下她先走,"他已骨瘦如柴,我也老态龙钟。他没有力量说话,还强睁着眼睛招待我……他现在故意慢慢儿走,让我一程一程送,尽量多送送"。

我看这些文字,热泪控制不住地涌了出来。所有为人子女、为人父母、为人夫妻的,都知道这些平静的文字背后是如何的痛断心肠。后来,当我和家人说起,我发现自己还是哽咽难言,无法流利地把杨绛的这些话复述出来。

谁能预测将来的遭遇？谁能看清未来的道路？不少人如《围城》里所言，"城外的人想冲进去，城里的人想逃出来"，心中的欲望总是此起彼伏。而作者"我们这个家，很朴素；我们三个人，很单纯。我们与世无求，与人无争，只求相聚在一起，相守在一起，各自做力所能及的事"。这是天底下最简单的要求吧，又似乎是那么难以达到的心灵境界，这支撑人生所需的"生命之汁"，有多少人能明了和珍藏？

（刊于2007年7月10日《宁波日报》）

小说人生

人说"字如其人"，我以为读书风格也如其人。譬如我，恋旧、固执、小心眼，生活里就那么几个要好的朋友，喜欢的书籍就那么几本，并不脱俗，譬如《围城》《飘》，也许不同的是，我还买了配套的英文版和影视版VCD。

说喜欢，事实上是不大去翻的。因为对于情节和句子，已经熟稔到能背诵了。譬如看到有的人或物，会想到《围城》里"局部大于整体"的调侃话，忍不住一乐。几年里，也许是无聊了，也许是感觉到想念了，偶尔又会去重读一遍。今年暑假，我把《围城》《飘》又看了一遍。在很多人眼里，演员可以通过不同的角色，体验不同的人生。其实，阅读也可以。《飘》，一个女子的一段人生；《围城》，一个知识分子的一段人生。这一段，青春、恋爱、婚姻、事业，与我们这个年龄段休戚相关。

有时我想，我喜欢它们，是因为可以陪书中人走一段人生，或者其实还是它们陪我走一段人生，也真难以说清了。这一段人生，书中人用了也许几年，也许十几年，而我仅用了十几个夜晚。而当我把它们放回书架后，它们又是不起眼的几本书，而我也许要用一生去感悟书中的哲理。

那些晚上，空调房里，家人看电视，我则靠在床头看书，偶尔朝电视瞟上一眼。这样的读书，是不须着急的，不像买了新书，有一睹为快的冲动。我熟悉里面的所有情节和过程甚于自己的人生。难以自拔也是不可能的，多次的阅读已让我进退自如。我每天看上个十几页，决不熬夜多看。我所想要的是细细品味，浸润而不投入，每天都有个盼头。看完了书，我接着看VCD，看改编成电影时省略了哪些内容，心里流淌着镜头里省略的语段和主角沉默表情隐藏下的内心独白。

我看到主人公们年少时的踌躇满志，看一段一段情节造就他们的人生，看一颗青涩青春的心慢慢裹上厚厚的硬壳。我知道哪一个细节改变了他们的人生，哪一段是他们人生的转折关头。我深深知道这些细节的重要性，但是我不可能去提醒他们。方鸿渐被唐晓芙拒绝，在雨中淋雨，如果他能再多淋一分钟，那么也许结局就不同了；如果郝思嘉能给白瑞德写封主动求和的信,如果白瑞德能听到郝思嘉在病中呼唤他的声音,那么,结局就不一样了。但是,人生没有如果,小说也是。我只能眼睁睁看着他们发展下去,白纸黑字,不可改变,再一次扼腕叹息。

遗憾多了,我渐渐疑心,真实生活中也藏着很多的"如果"吧?也许当事人看不清的事,旁观者看得清;也许今天看不清的人,多年后回过头才看清。我没法求作者改变小说情节,但开始当心自己眼下的生活。譬如人生旅途中发生种种状况时,请自己别意气用事,等一下,耐心一点,也许就避免走岔了道,谁能预知这个岔道会不会就是一生的转折点?当人生顺利时,力求心怀谦卑,不敢忘乎所以。当郝思嘉穿着漂亮的绿裙子,深陷在众人的爱慕与嫉妒中时,一切似乎唾手可得,除了希礼的爱。她怎能预料啊,几年后她站在红土地上,对着天空发那个打动无数人的誓言,她一定要好好地活下去!她又怎能知道呵,前方有那么多的坎儿等着她!战争状态下的困苦、亲人离去的伤痛;在媚兰临终前,她才痛彻心扉地明白,这个她向来厌恨的女子,居然是支撑她奋斗的强大力量……为什么事到临头才明白?为什么要回过头去才能看到被你忽视的不起眼的人,原来一直陪在你身边,支撑着你走到现在?小说主人公的痛悔,已足够打动我:那就心怀敬畏和感恩,虔诚地对待人生吧。

当我的一个朋友告诉我说,她女儿打小学二年级开始,就一本接一本地看起小说来了。按眼下的观念,小说总算是"闲书",当母亲的言下心情颇有些复杂。我倒郑重地祝贺她:你的女儿会一生幸福的。不是吗?

福楼拜说:"阅读是为了活着。"是的,阅读小说会让你更好地活着。

(刊于 2006 年 11 月 14 日《宁波日报》)

命如《砂器》

在书店看到《砂器》一书时，我的脑子里响起了《草帽歌》的旋律，涌起一种很熟悉而又很遥远的记忆，伤感而凄婉，但我想不起这感触是来自童年看的小人书，还是电影，抑或两者兼而有之。但可以肯定的是，当初肯定被深深触动了，以至于我现在一看到书名，就能立刻打开记忆之门。

女儿听说这是本破案小说，她知道我胆小，劝我别买。确实我也早过了看侦探小说、惊悚小说的年纪，逛书店也多是陪女儿，常买的书除了专业书外，就是修身养性的书。可是这本书的背后仿佛连接着某种浓郁的情绪，让我徘徊不去，最终决定买下。

没多久我就意识到，事实上《草帽歌》并不属于《砂器》，而是电影《人证》的插曲，只不过两者都来自日本，而且都是我年少时看的，所以给混淆了。但我还是纳闷为什么会弄混淆，于是又上网去查。结果发现不是我的记忆出了问题，而是《砂器》《人证》两者确实有着极为相似的故事情节。

《砂器》：有个七岁男孩和得了麻风病的父亲相依为命，到处流浪，后来父亲被一名好心的警察送进疗养院，而他则被收养，但他很快逃走了。长大后的他成为一名音乐家，与权贵的女儿订婚，前途无量。这时那名警察找上门来，为免身世暴露，他杀了对方。《人证》：二战结束后，一个日本女孩子在欲走绝路时被一黑人士兵所救，后与他生了个男孩。人到中年，她成为有名的服装设计师，拥有了显赫的地位和家庭。她的混血儿子来日本找母亲，母亲怕旧事暴露，拿刀刺向儿子。

两个故事发生的背景都是二战结束前后的日本，贫病交加的过往、受尽屈辱的回忆、血肉相连的亲情、恩重如山的相助，与得之不易的荣华富贵、令人仰望的权势地位相比，孰轻孰重？其实，这种道德两难问题，从来都不是文学创作中的新鲜选题，中国的《铡美案》中的陈世美遇到的情况不也很相似么？只不过《铡美案》带有更明显的道德谴责的意味罢了。

我们难以确定,人性之善是如何在人生辗转中扭曲变形的,但细究起来,肯定早就已经开始了:当时人们视麻风病为瘟疫,母亲弃他们而去,孩子和父亲为世人难容,无处安身。好心的警察收留了他们,送父亲去治疗,但这也直接造成父子之间的分离,电影《砂器》对这种唇齿相依的亲情进行了更为深入的挖掘,父子俩的抱头痛哭令观众潸然泪下。

在他们的心里,伤痛固然难以愈合,但也是愿意竭力忘却的吧?在他们看来,故人的出现是打开屈辱回忆的钥匙,更是毁灭锦绣前程的炸药,所以他们不惜一切代价,竟然置亲人、恩人于死地。对于这样的行为,我们只能用一个词来形容:灭绝人性。

说起来,每一个悲剧都可以追根溯源。去年10月17日的"内蒙古越狱案"震惊全国,杀害狱警越狱的四名逃犯,都曾因父母离异、家境贫困等原因流浪社会。可是,并非所有的人在遭遇人生艰辛后,都会如此扭曲而残忍,否则这个社会就没有祥和安宁的时候了。很多受伤心灵能在自己的努力或社会的帮助下,修复创伤,完成自我救赎。《砂器》的作者松本清张13岁时因家境贫寒,被迫辍学自谋生计,当过街头小贩、学徒,也曾一度以批发笤帚为业,家里穷得揭不开锅。可是他最后成了日本文坛一代宗师,与柯南道尔、阿加莎·克里斯蒂并列为世界推理小说三大宗师。他的笔触从来都是关注社会底层的人们,关注如他一样的人们的命运。

小说《砂器》写得朴实而平缓,没有时下悬疑小说的惊悚、紧张,但你就是舍不得放下,就是读完后,心情难以平复,也许这正是其成为世界名著的原因。小说《砂器》的封面写道:"我是孤独的孩子,在寂静的河边堆制砂器。有不期而至的大雨,在砂器初成之际。"这样的凄凉结局,电影用了《宿命》交响曲来点题。而《草帽歌》则更直白地表达了这种痛惜之情:"忽然间狂风呼啸,夺去我的草帽耶,我珍爱的无价之宝,只有那草帽,但我们已经失去。"美好的情感在岁月的变迁中,随风而逝,如同人的命运,再也无法回头,真是令人不胜唏嘘。

(刊于2010年3月14日《宁波晚报》)

张爱玲的人生底色

多年前，很随意地买了张爱玲的文集，还是在打折扣的小书店买的，价廉物不美，时不时夹杂着错别字。我这人没什么鉴赏力，看书权当散散心，也并不介意。但现在突然发现，放在床头的，甚至放在洗手间的，多是张爱玲的文集。甚至搬家时，打包卖掉了几十本书籍，但张爱玲的那几本还是给带了过来，即使有几页脱落，也不打算去买套新版的，类似于"糠糟之妻不可弃"，终究是有了感情。

清末贵族生活的奢靡、封建遗老的穷途、青年人令人扼腕叹息的爱情、社会底层奴仆的悲苦，种种截然不同的选题，张爱玲都可以从容应对。字里行间，既不是诙谐的，更不是同情的，但是很贴切。言语来去，心底起伏，竟是"钻到人物的心里去"一样。有的人生感触，在你看来，也许只能用音乐、绘画来表达，找不到文字来形容，简直"无以言表"，但是，张爱玲就有这样的功底替你说出来。这时，你只会在心里说：她怎么能这样？

后来，我逐渐意识到，读张爱玲的作品，是要建立在一定人生阅历的基础之上的。但即使这样，像《红楼梦魇》《重访边城》《小团圆》这新买的几本，我还是读得不甚明了。

就是在这样日渐郁积的疑问里，我干脆去读别人对张爱玲的解读。譬如于青的《张爱玲传》、张爱玲的弟弟张子静写的《我的姐姐张爱玲》。

张爱玲家世显赫，譬如她的祖母是李鸿章的大女儿，她的外祖父是清末长江水师提督，因此而产生的名门贵族，更是织成了如同《红楼梦》中的庞大家族网。但是在这样浓重的封建贵族家庭背景之下，张爱玲的母亲却是个令人惊奇称赞的新式女性，因为对婚姻不满，她留下两个幼儿，去英国游学四年。她放弃私塾教育，将孩子送入美国教会办的学校，后又决然离婚。而张爱玲的父亲依然是一个抽鸦片、纳姨太太、对不听话女儿关禁闭的封建遗少做派的老式人。

这真是极致的中西结合。张爱玲既在新式学校学钢琴，学英文，制作圣诞卡片；也在父亲的书房里读《红楼梦》《三国演义》《海上花列传》及上海各种通俗小报。当然，她这样的生活背景，也正是"五四"新文化运动之后，上海海派文化的一种折射。

我们难以预料，几种极浓重且对比强烈的颜料，混合在一起，会出现一种什么样的新颜色。我们也无从考证，这几种颜色的分量配比孰轻孰重。但是可以肯定，这些"颜色"在一个孩子近似白纸的敏感的内心晕染开来，基本铺就了她的人生底色。

庞大家族的人情往来，世间冷暖，天天上演着无数好戏。张爱玲和弟弟在各自佣人的照料下长大，这使得她有更多的机会，聆听到传奇的民间故事，体会到生活的琐碎困苦。而后父母离异，个性泼辣的继母、青春期的苦闷，终究使少女张爱玲日渐沉默，并最终逃离这个贵族之家，投奔到母亲、姑姑门下。而后是颠沛流离的生活，就读于香港大学，太平洋战争爆发后香港沦陷……

可是，和张爱玲相差仅一岁的弟弟，在相同的家庭背景之下，竟没有孕育出相似的结果，这很可以用教育理论来分析一下。这一方面可以用天性禀赋来解释，而另一方面，父母离异之后，母亲因着对"男尊女卑"封建思想的痛恨，在培养女儿上花了更多的心血，她收留了离家出走的少女张爱玲，而把儿子留在了封建遗少的家庭里。所以姐弟两人的成长环境终究是出现了不同。当然，虽有天赋，张爱玲的勤奋也是少见的，就是上街买个菜，她也要细心观察别人的言行，并在回家后赶紧记录下来。而张子静这颗屡弱的独苗虽没有苗壮起来，但他文字里的自觉卑微，也透出了一个普通人的温和、宽容，乃至悲悯，倒也具有另一种动人的文采。

有文化汉奸这个"头衔"，胡兰成实在令人不想提及。而读他的《今生今世》，始知这个人不但对国事没个立场，感情也没个分寸。也许这是他一贯的作风，诚如他自己所言，"我不但对于故乡是荡子，对于岁月亦是荡子"。所以，无论学问怎样，人品实在叫人瞧不起。但他是张爱玲情感世界的最重要组成总是事实，这是读《小团圆》的背景知识。

这样看了几本关于张爱玲的书之后，再去读她的作品，就会发现在字里行间，总时不时看见她的人生飘然而过；或者说，她的人生片段已经洒落在她的作品里了。我想起"文学来源于生活"这句常识性的话，终究不是一句套话。

1995年的中秋夜，多年离群索居的张爱玲在美国洛杉矶一公寓内去世，几天后才被发现。

乱世里最后的贵族，支离破碎的亲情，倾心却难堪的爱情，周遭的一切都无以依傍。而唯有写作，给了她一生的支撑，她和她的时代也因此得以流传。张爱玲的人生底色是浓烈而冲突的，在岁月痕迹的覆盖和冲刷之后，她的一生，是否可以用她喜欢的一个词来描述——苍凉？

（刊于 2011 年 1 月 23 日《宁波晚报》）

《寻路中国》，以一个老外的视角

现在，越来越多的人走出国门，去看外面的世界，也因此出现了越来越多的游记，而《寻路中国》算是少有的，一本老外写中国的游记。

《寻路中国》很新，2011年1月出版，封面上是一条乡间公路，旁边立着一个交通警察模型。这样的模型，我们也曾在开车途中见识过，颇具中国特色。该书作者彼得·海斯勒，中文名何伟，曾任《纽约客》驻北京记者，以及《国家地理》杂志等媒体的撰稿人。他写的中国纪实文学三部曲《江城》《甲骨文》《寻路中国》，都是关注当代中国问题的纪实作品，在西方影响不小。

"不识庐山真面目，只缘身在此山中。"读《寻路中国》，就像你当了一次老外，那些司空见惯的事情，那些你平日里无暇顾及的一切，或者从来没有看到过的，都因为跟随着何伟这个老外的视角，在放大镜似的探究兴趣下，而看得倍感清晰，时而忍俊不禁，时而摇头叹息。

该书一开头，就颇具电影镜头感："中国的很多公路仍然十分空旷，尤其在大西北的草原上，通往喜马拉雅的公路上，车辆稀少，只有漫天的北风和沙尘。"当然，该书绝不是单纯的"风光片"，接下来的文字才是成就这本书的关键："即便在沿海那些发展迅猛的城镇里，也到处是空旷之路……它们在一片片梯田之间蜿蜒伸展着，而这些地方不久就将成为城市的郊区。它们连接着一个个村庄，二十多年前，这里的村民们只能步行出门。正是想到那些正在快速消失掉的空地——连接着故地的新路，以及即将被改变的景观——最终激起了我的愿望，在中国申领驾照。"

跟踪并记录中国乡村的发展变化，这才是本书的中心思想。也因此，何伟沿途所见的人与事，人们的一颦一笑或者琐碎细节，都因在社会大时代背景的映衬下而变得意义非凡，并深具历史的沧桑感。

2001年，他从东海之滨出发，沿着长城直至北方。后又一路向西，可又不是直奔目的地，"日行不到两百公里"。通过他的好奇视角，沿途除了可以看很多风景，更有值得探究的文化。譬如花生、红辣椒、小米、高粱被码放在马路一侧，马路是最好的晒场、分拣场，人们更借助汽车的碾压,完成脱粒工作。何伟从小心翼翼到坦然驶过。他快乐地写道:"那就是我在秋收时节作出的贡献——开着车子忙脱粒。"

一路开车,自然遇见了中国特有的公路文化。譬如路边的标语口号,极富文字美感。而越往西走,字越大。到后来,连荒芜的山坡上也都写满了。譬如"修好公路,脱贫致富";更有大玩文字游戏的,"人人用电,好好用电,电才好用"。以至于何伟这个老外好半天才回过神来,点头称是,"的确如此"。

何伟是个中国通,他已在中国住了五年,职业的特点又使他能快速地融入陌生环境。每到一处,何伟都会好奇地向当地村民问这问那,由此获得更多的信息。他下车去参加村民的葬礼,和承办法事的戏班子老板聊天,热络到风水先生都会向他递名片。他发现名片上印着"拖移车辆",夹在"迁坟"与"敲锣打鼓"这两个业务之间。何伟如实写来,读者却不难想象他当时一脸匪夷所思的表情。

何伟很受村民的欢迎,当然他也乐意遭遇真正的中国文化,譬如饭桌文化——喝酒。何伟说,在美国,只要说一句"我要开车"就够了。但是在中国,他发现只要端起酒杯示意一下,接下来就全盘崩溃,"一定要喝,酒都斟上了""开车太疲倦了,要提提神""警察看见老外开车,够惊讶的,肯定不会抓你"。

何伟的写作思路很广,他可以从用车、租车到试车,然后把租车公司经理、汽车厂的道路测试员都写进去。就是说,只要找到一个点,他就能把这个点当作种子一样,培育出一树的红花绿叶和枝枝蔓蔓来,看似"流水账的作文",犹如电影纪录片般如实地呈现着一切,但因为被放在一个特定的时代条件下,也就有了历史的沧桑感。

事实上,何伟已经不是中国文化的观察者,他的人生更直接地嵌入了中国的乡村社会。他和很多现代人有着差不多的向往,他喜欢真正的乡村生活。因此他在北京燕山的一个偏远山村租了民房,住了下来。因此,这个村子的村干部竞选、农民外出打工、开农家乐饭店,以更动态的镜头进入我们的视角。而让我感动的是,何伟在与村民的朝夕相处中,彼此产生了深厚的感情,以至于当地的孩子生病时,何伟一直参与照料,从送医院到找药，乃至通过他在美国的人脉关系寻求更好的治疗方式。何伟在丽水呆了不短的时间，观察打工者家庭、创业者的生活，我很急切地翻阅下去，以为他或许会到达宁波，可惜没有。

《寻路中国》的文字有一种别样的幽默，这种幽默是主讲者一本正经，而听众已经忍俊不禁了。这当然归功于何伟的独特视角，他流畅的文字功底，毕竟他在美国普林斯顿大学主修的是写作，并取得了牛津大学英语文学的硕士学位。当然，本书的译者是何伟的中国同事与朋友，熟悉他的语言风格与表达方式，这使文字更符合中国人的阅读习惯，因此更具流畅性与可读性。

《寻路中国》，值得一读。

（刊于2011年8月14日《宁波晚报》）

教育真的要慢慢来

在华师大书店里发现这本书时,它夹在书架上各种大部头著作之间,非常不起眼。实际上它也不像我们常见的书,只有期刊厚薄。这本名为《慢教育》的小册子,在一众类似于《如何创办一流学校》《怎样被美国名校录取》之类等令人激奋的书名中,显然也不合时宜,但还就是这个书名让我动了心。

这本书是"慢教育丛书"的第一辑,由华东师范大学出版,主编是张文质,我并不熟悉。后来,上网查了一下,他是"《福建论坛》(社科教育版)执行主编、《明日教育论坛》外聘主编","近年来,张文质的'生命化教育博客'越办越火,目前的访问量已经接近350万"。我小吃一惊,是我自己孤陋寡闻了。书的首页有钱理群教授写的文章《教育是慢的艺术》,仅这篇实质上作为序言的文章就挺打动我:"人们不愿承认,教育是一个'慢活''细活',是生命的潜移默化的过程,所谓'润物细无声',教育的变化是极其缓慢、细微的,它需要生命的沉潜……"他引用张文质的话:"教育就是一种相互寻找、发现,彼此增进理解的过程。经常,我们要等待一个儿童的成长:他智慧的觉醒,力量的增强,某种人生信念与价值的确定……"

这本书中的不少言辞也许有些煽情,但在这些词语背后,是久违了的教育心态。书中收集的不是什么名人大作,而是一线教师、教科研工作者、家长的教育随笔;题目也很不起眼,譬如《我中学时教过的学生打来电话》《负疚》,但你仍会被其中一些细腻的人文关怀所触动。譬如到学校视察、听课,经常有学生列队欢迎,但是"我是一个打扰者,受着你如此的礼遇,延误了你那么多玩耍和学习的时间。看似正当的名义打乱了你正常的生活规律,难道我不应该向你道歉吗"。细腻敏感,真诚相待,这在我以为,是教育工作者专业特质的首选,弥足珍贵。成长中的学生,其鲜活的一切,学校生活中碰撞的火花,风云际会的成长过程,丰富的精神世界……教育,一个如此伟大的字眼,永远需要我们用虔诚之心来面对!但这种神圣情感真的失落很久了。

我们有时多么轻视一个孩子的生命成长:"天才从零岁起步",孩子尚未出生,已经开始胎教;咿呀学语、蹒跚起步时,电子琴钢琴舞蹈鞋已经放在面前了；至于上了学，各种辅导练习补习班早就排满业余时间。所有的理由都奔着一个明确的目标，先是"为了上一所好的幼儿园"，然后是"为了上一所好的小学"，继而是"为了上一所好的中学"，进而是"为了上一所名牌大学"，再者是"为了找一个好工作"，接下来是"生一个聪明的宝宝"，循环往复……这和那个"养羊为了攒钱，攒钱为了娶媳妇，娶媳妇为了生娃，生娃为了放羊"的笑话有何不同？

在这个过程中，我们自以为教育能用清晰明白、合乎逻辑的定义、概念、推理来表达，我们自以为立志付出就可以速成或者批量制造人才，花数月数年时间打造出一个个"高材生"、一所所"名牌学校"。当学生成为车间流水线上的产品，他们就失去了自己感受成长的乐趣，无法抬头领略周围的风景，几十年读书生涯过去，他们可能失去了感受生活与幸福的能力。

有位硕士被保送到香港科技大学的清华学生这样写道："我已经二十出头，可是见女孩子就一身不自在；会解各式各样的方程，却不能解决自己的困惑……多年来，我成功地通过了一次次考试，最终却不知道为什么要通过这些占据人生的考试。所谓的优秀学生，只是在不停地让自己去符合那些优秀的外在标准来满足自己的虚荣心。而自己，那个真正的自己却从来没有存在过，没有发育过。"

是啊，我们曾经用GDP来衡量一个社会的进步，可是后来我们意识到，这种进步不一定接近幸福，所以现在我们改用幸福指数来衡量。那么，我们曾经用硬件、软件、升学率来衡量一所学校，现在能否改用学生的健康快乐含量来说明学校的成功与否？

不能否认教育工作的辛苦，也没有人可以清高地置身现实之外。但是，如果孩子们不能幸福，得不到幸福，我们所为何求？也正因如此，我更觉出类似《慢教育》这些声音的可贵，因为这是在呼唤教育精神的回归：不是放慢教育的速度，而是用更细腻的方式，以尊重生命成长的虔诚，蹲下来聆听孩子成长的心声，转过身去等待孩子紧追慢赶的脚步。

"没有找到自己内心世界导师的教师，不可能成为真正的人师，缺乏心灵滋养的专业发展一定是没有生命力的，没有心灵滋养的教育也不是真正意义上的教育。"我很赞同书里的这段话，教育真的要慢慢来。

（写于2008年5月4日）

了不起的教育家

说来惭愧，作为一个教育学专业出身的人，我居然没系统研究过教育学大家。于是，我赶紧去图书馆、网上找相关的书籍。《蔡元培评传》《陶行知论乡村教育》《杜威传》《最后的圣人——陶行知》等，原著、传记，原汁原味的、精细加工的，一股脑儿塞进脑子。

读传记，感动；读教育家的原著，感动得无以复加。

说几个很小的细节。

譬如，虽然很多友人劝蔡元培别接手北大这个"烫手山芋"，但蔡先生说："北京大学虽然声名狼藉，然改良之策，亦未尝不可一试。""就是失败了，也算尽了心。"1917年1月4日，蔡元培以校长身份来到北大。校门口站着一排毕恭毕敬的校工。在他们眼里，校长是高高在上的"大官"了，何况他还做过教育总长呢！校工们按照礼节，向新校长行礼。令校工们惊讶的是，蔡校长走近几步，摘下礼帽，非常郑重地向他们回礼，鞠了一躬。

这似乎只是一个很普通的举动而已，但在当时等级分明的社会里，就很不一般了。有些人当场就被打动了，还有一些人在起初的冷眼旁观之后，最终也不得不信服蔡校长的为人品性。"他这样谦让和蔼，温良恭俭，纯是发乎自然，而不是要拿这些道德来引起人家的好印象、好感想。"

所以，不仅仰慕他的人继续仰慕他，连一些站在对立面的人都由衷信服他。固守旧学的黄侃甚至对人表示："余与蔡子民（蔡元培字子民）志不同，道不合，然蔡去余亦决不愿留。因环顾中国，除蔡子民外，亦无能用余之人。"这样的话着实让人感动，黄侃真是够坦荡，同时也说明蔡校长够了不起！

但是蔡校长在学校改革上又体现出雷厉风行的一面，当时北大各科都有外籍教师，资格老，学问实在不怎么样。加上当时国力衰弱，外籍教师更有些趾高气扬。蔡校长顶着外交的压力，毫不犹豫地解聘了他们。

唯才是用，是蔡校长办学的信条。由此，北大组建了一支独特的大学教师队伍，估计具有"前无古人，后无来者"的效果：大部分教授都只有二十到三十多岁,像胡适只有二十几岁;梁漱溟只是个中学毕业生,却因对印度哲学的深入研究而被聘为北大讲师;做过国务院总理的王宠惠也只能做个讲师。

张维迎在《大学的逻辑》里说,"当官为办事与干事为当官是完全不一样的"。所以,北大能迅速走向辉煌。

又譬如人民教育家陶行知,他说的"捧着一颗心来,不带半根草去",大家都很熟悉,但真能做到吗?可是,他做到了。1917年,26岁的陶行知因南京高等师范学校之聘回国。他的头上有很多光环,即使现在看来也毫不逊色:金陵大学优秀毕业生,后赴美国留学,先在伊利诺大学学市政,后又转入哥伦比亚大学师范学院攻读教育,师从大教育家杜威、孟禄。

我看到一张陶行知在哥伦比亚大学时和同学的合影,西装革履,神情沉静,很有书卷气,一副青年才俊的模样。作为"海归"派,学术功底扎实,手里有一大把好去处,他的前景之美好,应该不难预测。他的生活本来可以过得很安逸,而且可以一直很安逸,回国后他做过南京高等师范学校的教授、教务主任,东南大学教授、系主任,他每月工资高达400银圆,而当时房租只要6元,也就是说,每月花费几十元,生活就可以过得非常不错。

但是,陶行知意识到,"中国以农立国,农民要居全国百分之八十五。他们所尽的义务最多,所享的权利最少。稍有心肝的人,虽是一时一刻也不能忘记他们的痛苦"。他曾在一次演讲中控制不住地流泪:"心里就想到中国农民生活如何困苦,一般师范学校如何走入迷途,裨益农民子女之乡村学校如何稀少……以致没有说两句话眼泪就滚了下来……这是我第一次在讲坛上流眼泪,当时痛恨着急,不能制止……"

所以,他决然地离开了安乐窝,和同志们立下了"筹募一百万元基金,征集一百万位同志,提倡一百万所学校,改造一百万个乡村"的宏愿,从此投入艰苦卓绝的乡村教育运动。

一位晓庄师范的学生回忆说:"陶师是美国留学的博士,东南大学教育系主任,著名教育家。按照通常的想法,我以为他一定是位西装革履、洋派十足的人物。但是,他却穿着粗布的学生装,赤着脚,穿着草鞋。陶师态度和蔼,平易近人,毫无一点学者的架子,倒像个朴实的农民。他讲起话来,滔滔不绝,生动,风趣,幽默。"当时国内战争不断,陶行知在炮火中到上海、杭州等地筹措办学经费,他在信中写道,"上海杀机四伏,倘使外国炮火把我顺便轰死了,这封信就算作我的遗嘱"。生死全然置之度外。

出过国、留过洋,并非自觉"高人一等",而是开了眼界,更觉有献身祖国发展的必要。"读书不忘救国,救国不忘读书"是他们的信条。甘守清贫与寂寞,为推动社会进步而努力,并能够一生矢志不渝。

上述,仅仅是教育家们的一些片段。伟大,是一个抽象的概念,我不一定说得清楚,更说不完整。但是如果去全面读读这些伟大的教育家的心声,你就能知道伟大这个词的含义。

（刊于 2011 年 9 月 18 日《宁波晚报》）

第三篇章
关于传承的教育

　　传承是一个很了不起的词语。大至人类的知识与智慧,小至一个家庭的家风家教,无论你是否承认,传承就是这么客观地存在着,你割裂不了它,如同你不能"抽刀断水"。所以我们看到很多似曾相识的东西,你在一个人身上、在一座城市里都能见到它的影子,它让我们感到很亲切,感受到血脉顺畅流动的安心。

　　传承的内容。传承可以是无意的,也可以是有心的,如果我们认为那是值得传承的话。传承什么,我以为有三种值得重点关注:一是三观,人生观、世界观、价值观,这些潜移默化而又执着的影响一个人的人生走向,也直接关乎人生幸福。二是为人品性,这是在三观影响下的具体呈现,也是令人终身受用的东西。三是兴趣爱好,这是一生的滋养品,有时它可有可无,但有时会成为支撑一生幸福的支柱。而从这三点来看,无一不是需要长期的潜移默化才能养成的,这是一个培育的过程。

　　家长的言传身教。从家庭教育的角度来说,关于传承的教育基本是通过言传身教来实现的,所以这就对父母的素养提出了很高的要求。既然是言传身教,那就是既需要"言",也需要"身",其背后的关键词是"相伴"。那就是跟孩子"在一起",陪伴在孩子身边。如果因工作或者其他种种原因不能常伴在身边,也要尽量通过电话、视频等方式传递影响。所以"传承"不能靠一时兴起,必须深入骨髓、形成内核,才有可能去影响到孩子的成长。善良、孝顺、务实、乐观等美好的品质,都是在父母教养孩子的过程中,一点一滴传递给孩子的。关于传承的教育,既需要父母的自我修炼,也需要父母对孩子的陪伴,或者说在孩子成长的过程中不缺位,才能达到这个效果。

　　学校有意识地强化传承。传承也可以是有意识的,譬如非遗文化的传承就是这样。在这里,学校就是一个传承的最重要的社会场所,尤其是在孩子成长的过程中,其意义与影响力不可小觑。对学校而言,传承需要有个甄别的过程,把值得传递下去的、符合人类价值的东西,通过有意识地培养传承下去,把学校的优良传统传承下去。那么作为学校领导,特别是校长,就必须对此有清醒理性的认识。而这个认识,不是校长自己构建的,必须是来自对校情、校史的认识,并全面、多方位地吸纳来自政府、家长学生、社会公众等多方利益共同体的建议意见整合形成,我们通常称之为"办学理念"。正因如此,我们对校长的要求很高,也寄予很高期望。在校长培训中,对校长提的最多的问题就是:你打算把学校办成什么样子?这个通俗的问题背后就是在追溯学校的办学理念与办学愿景,其中的重要内容就包含着"传承"。当然传承是一个长期的过程,不能指望立马出效果。但是当你看到效果,那基本就是已经根深蒂固,成为学校的一个组成部分了。你在毕业走出校门的每个学生身上,都可以看到学校"传承"的影子。

与老爸老妈过招

接老爸电话,挨了一通批,因为这两天没有"早请示晚汇报"。批得可谓上纲上线,譬如"是不是想省点电话费",这才叫窦娥冤呢。我知道,我若辩解几句,肯定挨批更多,还要被扣上大帽子:"不孝顺。"过后,老爸会笑眯眯地说,大人说几句,有则改之无则加勉嘛,哪有和大人顶嘴的道理。而老妈会加上一句,以后七老八十了,还要"背"呢。言下之意,这算是小菜一碟。所以,几次下来,我学乖了,虽然听了老爸的训话,简直委屈得要摔东西,但还是能控制住,听他训完,表示默认。当然我也有招,譬如当我女儿问外公外婆什么时候来,我就火上浇油说,他们不来,他们就叫你打打电话。女儿一听果然马上去拨电话:"外公,你们再不来,我就把你们排到第三名,老是电话电话!"老爸一听排位要靠后,早急得连声向小家伙解释。我在旁听了窃笑,好,也算有人治他们了。

上完课回家,很累。一进家门,瞥见老爸老妈两人有点不对头,心里开始乐。果然,老爸开始告状,他的开头词总是:"刚才我与你妈发生矛盾,你来评评理看。"又是些鸡毛蒜皮之事,譬如两人晾晒衣服,一个要挂这里,一个要挂那里。在我看来,这俩人纯属闲着没事,所谓"无事生非"。不过叫我当裁判,高高在上,何乐而不为呢?回想小时候,我们兄妹吵架,爸妈还很开心,觉得俩孩子一闹,家里就有生气了。现在真是风水轮流转,好玩。于是我叫他们一个一个地来陈述发生了什么事,似乎是个顶公正的法官,其实我是一只耳朵进一只耳朵出,不是说"清官难断家务事"吗?干脆就不分青红皂白,反正上次帮过老爸,这次就帮老妈,谁气焰高就打击谁。有时我压不住阵脚,不耐烦了,就建议他们去当寄宿生,进老年大学或者老年公寓得了。

当然,老爸老妈归根到底还是同盟军。有时听他们站在阳台上闲聊,一唱一和非常投机。感觉他们眉开眼笑的时候,不外乎是说孙子外孙女多么懂事多么乖;而一听到摇头叹息声,就知道又在批评我们了,也不外乎是说他们的两个儿女是多么不听话。我就忍不住拿以前的脑筋急转弯里的话堵他们:"我的女儿比你们的女儿好,我教导的水平就比你们高！嘿嘿！"他们一想，没错呀。然后他们就顾左右而言他，换了话题，譬如说在我家待了几天，想回家去清静清静。要是我很爽快地说，那就回家多休息几天罢，他们就认定我们不欢迎他们来，大为不满；要是请他们在我家多住几天，他们就说，带孩子累人，也该让他们回家去享享福了。于是他们回家时，我就说些自相矛盾的话，既说叫他们回家多休息几天，又表示我们多么希望他们早点来。颠来倒去，也不知自己表达了什么意思，他们就说我年纪不大，倒啰唆得很。

还真没招。

（刊于 2002 年 7 月 25 日《宁波晚报》）

我家的"七龄童"

当一个书呆子进入老龄，他会变得怎样？我向女儿求证：他算是老顽童了吧？小丫头想了一下说，人家是六龄童，六小龄童。他七十多岁，应该叫作七龄童。很妙的称呼。

现在，我和女儿基本按宁波土话叫他"老头伯（beng）"，或者来个灵桥牌英语"抠而慢（oldman）老头"。嘿嘿，我很少叫他阿爸，我女儿，他外孙女儿呢，有时还叫他小名"阿毛"，他还乐呵呵地应，有时笑骂一句，非常满足的样子。

我这么说吧，我家这位老爷子，其实也不算很老，按现在老龄社会的标准来说，还是"年轻的老年人"。他当了一辈子中学语文教师，算是真正意义上的书呆子，"不谙世事"，严肃得很。凡看事或有不妥，必直言不讳，不管对方是否下得来台，但因少私心，同事们多敬畏他几分。退休后，升级当外公和爷爷了，突然童心萌发，或者被压制的童心得以苏醒，从此，他经常乐呵呵了。孙子和外孙女不知道他"黑脸包公"的历史，虽然嫌他脸黑咳嗽多，但是都喜欢黏他，还是小毛头时，特愿意和他一起睡，倒叫眉慈目善的我老妈不胜郁闷。

我女儿从小由他们带大，老爷子更宠溺些，祖孙之间亲得不得了。小丫头在外婆面前还算有些规矩，而在外公那里，简直胡作非为，耍赖得厉害。我倒不以为忤逆，经常笑嘻嘻地看着他们闹，因为这叫我看到我的童年。而且，我不觉得"隔代亲"会带来什么大问题，恰恰相反，现在的独生子女学业压力大，父母又"望子成龙"地严阵以待，祖父母处倒是一个最好不过的缓冲地带，我羡慕女儿有这样的幸福。

每年暑假，电视里播放《西游记》，爷孙俩总是一起看一起议论。后来，孩子翻来覆去看腻了，老爷子还是照看不误，不时呵呵发笑。近段日子晚上播《老娘舅》，他们也喜欢看，一集不落，然后女儿也喜欢上了，三个人一起看。老头儿回自己家住时，他们就打电话互通信息，交流剧情。喜欢对方所喜欢的，所以他们的"代沟"不明显。不过对于越剧，女儿实在培养不起兴趣：太慢了，一句话要唱那么久！两人也有闹矛盾的时候，他叫小丫头拿拖鞋,小家伙不肯:"自己拿!"再一次请求,还是毫不留情地拒绝。老头儿看威望近不及几步之内,生气了,但是他说的话很奇怪:"勿要和你好了,再和你好是贼拉儿子。"小家伙也很生气,就"哭作糊啦"地给我打电话"告状"。过不多久,老头儿去和小家伙套近乎,小家伙很得意:"你说的,你是贼拉儿子。"他就呵呵笑,于是俩人又和好了。整个儿俩幼儿园小朋友!

不过可别小看我家这位老爷子,他可是正宗中文系本科出身,想当初高中都没读过,就直接考上了大学!当然,"那时不考数学,要考数学我就考不上了"。老头儿不无庆幸。他没把文史科目当作谋生的职业,本就是他的爱好,所以退休后还天天捧本古籍书看。对此我真心佩服。他的文学功底,尤其古文底子,当个博导绰绰有余,可惜他只能讲宁波官话,给小家伙听写词语都成问题,当不成小学老师,只能成玩伴。不过这并不妨碍他掉几句文,譬如要下雷雨了,他一般这么感叹一句:"山雨欲来风满楼!"要是一杯水倒翻,他有一种恶作剧的满足,说:"大水冲倒龙王庙喽!"如果和我老妈吵架,他常用的武器是:"你这是以小人之心度君子之腹!"可惜我女儿偏在旁边拆台:"你不是君子,你是小人!"我老妈更不买账:"你就会说这一句!"他只好投降。他还有个爱好,喜欢听相声和越剧,马季、姜昆的相声已经听得会背了,但在该笑的地方照笑不误。越剧是我老妈"传染"给他的,他毫无异议地喜欢上了。有时看到电视里某一段,他说,我也会唱。我们起哄叫他唱,他怯场,说,现在我不唱。但是如果晚上醒来睡不着,你知道他怎么自我催眠法?他默背唐诗宋词,再来几段越剧,厉害吧?

老爷子出门去,总是拿一个老式黑公文包,老式得需要我到地摊小市场上"淘宝"才能买到,十几元一个,他还特高兴。这包总是装得鼓鼓囊囊的,一两瓶水、几个梨或者苹果、一块毛巾、一只杯子,而且还非搪瓷杯不要。他有支气管炎的老毛病,经常咳痰,所以还随身带一个塑料袋,一些纸巾,把痰吐到纸巾上,放进塑料袋,最后再扔去垃圾桶。包的分量够沉,但他还非得自己拿,有时夹在腋窝下——我和女儿因此称之为"炸药包"。有次,他抱着包坐在公交车站的花坛边等车,车来了,我老妈叫他，他一使劲要站起来，结果重心不稳，"人仰马翻"进花坛里去了，所幸泥地无碍，只是"处境"尴尬。

我和女儿有时说起老头儿的趣事，会笑得直喘气，觉得他"好玩"，俩人就商量着一定要把他写下来。女儿已经写过一篇，老师拿去在教室里读，她同学不相信："编的吧，你外公有这么好玩？"那这次由我来写吧，不过要用个笔名，就拿大学同学给我取的名吧。虽然按钱锺书先生的说法，用笔名是因为怕名气太大，只能用几个笔名来分担。我没名气，只是想当一个躲在黑暗角落里搞恶作剧的小孩子，别太招人耳目地出出他的"丑"，用这种方式让他读着报纸不胜疑惑，继而一乐。祝"老头伯（beng）"快乐，九月的生日和教师节。

和他们在一起，陪伴他们，观察他们，生活在他们的老年生活里，用他们喜欢的方式，你会知道，他们已经和当初养你的时候不一样了。小毛头会一天天地好玩起来，他们也是啊。承欢膝下，谁都幸福。

（刊于 2009 年 5 月《宁波晚报》）

看夜戏

"九戏节"（第九届中国戏剧节）在宁波举行，我自然要去感受一下。我告诉女儿，晚上去看演出，看宁波大剧院上演的《英雄罪》。女儿口上应着，但我知道她并没多大兴趣，又不是儿童剧，不如在家看"阿国电影"。我呢，其实对戏也几近一窍不通，但一心想让女儿熏陶一下，美其名曰感受传统文化。女儿看爸妈如此热心，自然也得给点面子，于是，一家人都为着对方，出发去看戏。

回想起自己看戏的经历，屈指可数。小时候，文化生活匮乏，记得有次邻村放电影《孙悟空三打白骨精》，早早吃了晚饭，母亲带我随同左邻右舍一起出发，绕过一大段山路，冒着寒风去看，这大概是我第一次接触戏。坐在后面大石头上，前面黑压压的人群，远比银幕上的人物清楚，母亲在边上耐心地给我解释。那时，母亲的心思大概和我现在一样吧。还有一次，在村里看越剧电影《红楼梦》，那看得更糊涂，只记得有人说"喔头"（丫头），因为发音和宁波话"划船"的"划"有点相似，我以为"丫头"是"划船"的一种。小时候看过的真正意义上的"夜戏"，应该是去宁波城里看的《小刀会》。但又是一窍不通，只看着台上金光闪银光闪，边上的小伙伴早已被晃得睡过去了。但是，不懂归不懂，我到现在还记得小时候那些奇异的夜晚，到我今天去看夜戏时，就忍不住回想起童年里闪亮而温馨的一幕幕。母亲自然也没想到，当时看的戏，我到成年了才弄懂，才品出点滋味来。

现在看夜戏，条件算是一流的，不需带板凳和"长途跋涉"了。宁波大剧院的条件那是不用说了，我们的座位更不错，在舞台一侧，能看得清演员的穿戴和表情。为了提高女儿的兴趣，我们看戏时有些不守纪律，我一直和她耳语，语气里带些惊奇，做一些解释说明工作。我挖掘着自己可怜的一点知识，告诉女儿，这"白脸"代表坏人，"红脸"代表好人。女儿问，那脸上有红的也有白的，那又代表什么，我只好承认自己无知。女儿对台上唯一有点兴趣的是主角头上的"箭翎"，因为这让她想到孙悟空。但是，当她问我："为什么要这么长？"我便支吾着说不出来了。不过，亏得舞台两边有字幕，再加上手里的演出手册，一阵快速猛补，使我在女儿面前不至于太难堪。我看前后座多是由晚辈陪同着的老年人，在那里以手击节，啧啧有声，看得够沉醉，我能感觉这戏早入了他们的血液，不胜羡慕。

于是，我很遗憾请不动父母亲来看戏。因为常听父母亲回忆他们童年看戏的经历，当他们在饭桌上说"阿拉嘎辰光看夜戏文"（我们那时候看夜戏），他们的脸部表情全然不像父母或者外公外婆，我可以依稀看见他们童年的样子。父亲小时候生活在山村，庙里演戏，那是类似于过大节。而父亲记忆里最深刻的，倒不是剧情，而是演出现场各种小摊火热的诱惑，父亲不止一次对我们提到他摸摸兜里没有钱，对着豆腐串咽口水的趣事。呵呵，所以，我现在买菜时经常不忘买几串豆腐串。而母亲看戏的级别比父亲要高，她家里不富，但有个富亲戚。有时寄居在亲戚家，亲戚家也有和母亲差不多大的女孩儿，亲戚常带这俩孩子去看夜戏，都是越剧。舞台上小姐丫头满头闪闪的珠簇，举手投足间的漂亮，令母亲从此爱上越剧，越剧成为她一生最大的兴趣爱好。于是，带父母亲去重温旧梦，是我一直的梦想。现在的父母亲已经不习惯晚上出门，那么晚休息了。但是，母亲和父亲一起看电视里的越剧擂台赛，一场不落，看VCD里的越剧，嘴里跟着哼哼，也足以让我们忍不住笑意了。

也正是因为这样，现在我热心带女儿看夜戏，潜意识里，也想让女儿如法炮制这人生的幸福吧。

（刊于 2005 年 12 月 12 日《宁波晚报》）

长大后我就成了你

教师是个很奇妙的工作。

我走上大学讲台没多久，就遇到了一件特别有趣的事。我的中学班主任来我们学院读本科。这是我学生生涯中最敬重的老师，那时，老师教语文，我是语文课代表，师生感情自然非同一般。但是现在，老师坐在下面听我讲课，这真的叫我有些手足无措了。我不好意思地说，老师，要不，你免修吧，你在，我紧张。老师乐了，开玩笑说，别叫我考试不及格就行了。后来，老师一直坐在角落，很少抬头看我。从那以后，我站上讲台就不大会紧张了，你想，我都敢给我老师上课了，还有什么可紧张的事呢！因为这个，我们中学同学聚会，他们有时会很"恭敬"地尊称我"师太"，因为我是他们老师的"老师"哪。

曾给一个校长班上课，我的一个同学也在其中，当时他已是一所成校的校长。他是我高中的同学，那时，我们坐前后排，关系比较好。他以前是绝对"苗条"的身材，现在有些微胖了。他坐在我的办公室里和我聊天，说，这次上课他是绝不请假的，因为要看我怎么上课。当然，同学眼里，我当教师会是什么样子，他当领导又是什么样子，彼此都是大为好奇的。结果，他就坐在讲台底下的第一排，不错眼珠儿地看我讲课，仿佛是班里顶顶认真的一个。不知在他眼里，我是否还是那个坐在他身后的好同学？

现在我们的教学点大都设在区县一级城市，我教的一个班的班主任是我的中学英语老师。这样，从表面上来说，我们成了同事。所以，课余时间我常跑到她那里聊天。我的这位老师非常漂亮，大学毕业分到我们学校，那时，我读初二，她的第一节课的开场白就是一长串英语，把我们吓蒙了。一起分配来的有好几位新老师，学生常私下给他们进行排列组合。她后来如我们所愿，和其中的一位结了婚。二十年后我说起这些依然眉飞色舞，得意初二学生的眼力简直比月老还厉害。老师听得一连声的"真的吗"。当然，我料不到的是，二十年后，我不但不怕老师了，反而敢和她勾肩搭背了。

　　最近，我给一小学教育专业的班级上课，看到后面座位上并排坐着一对二十来岁的男女学员，一眼就觉得面熟，好像是我以前教过的小学五年级的学生。我觉得有些奇异，但一算时间，十多年了，他们是该有那么大了。但是，我仿佛还是转不过弯来，因为相隔十多年从未遇见过，在我脑子里，他们还是小学生的样子，但是现在，仿佛穿过时空隧道，虽然面容没怎么变，但人一下子成大姑娘小伙子了，叫人猝不及防。这俩人一直在窃窃私语，没怎么抬头看我，我又疑心是自己搞错了。

　　下课后，这两人站到了讲台边，问我，老师，我们觉得你很面熟。我忍不住笑了："呵呵，我可早认出你们啦！我在小学教过你们一年多哪。"女孩欣喜地嚷道："我们一直在争论，你是在中学还是小学教我们的呢。"我打趣说："看看，还是老师记得你们啊！"然后，我知道，那俩人在谈恋爱，男孩子是陪女孩子来听课的，女孩已经是有两年多教龄的小学教师了。这世界够奇妙吧，十多年前，一个不大吭声坐在第一排的小男孩，一个坐在后排的调皮小姑娘，现在居然是一对恋人了。一路上，我在想着，我的学生居然已经谈恋爱了，而我的孩子也有他们那时那么大了，我的心里充满了妙不可言的、奇异的快乐。

　　　　　　　　　　　　　（刊于 2006 年 9 月 5 日《宁波日报》）

春天花会开

每年的四月初,几乎每户人家,都要去做一件事情——给逝去的亲人扫墓。仿佛和他们约定好,不能更改似的。往墓区的路上,时常有浩浩荡荡的队伍。

我陪父母带了孩子去上海,给我的外公扫墓。去往墓地的路已经有些堵了。外公的墓安在一个新建的墓园。就像电影里看到的镜头,花园似的环境,低低矮矮的白色墓碑隐在花草树木中。应该是不难过的,外公八十五岁去世,算是有福气了,而安眠在这片美丽的地方,也算是享福了。但是,去年这个时候,外公还是好好的,我们一起去上海看他。一大家子聚在一起,外公很安静地看着我们,当然在他心里,只记得我父母和我哥了。他慢吞吞地说了句,人都是要老的嘛。算是为他的健忘症作一点解释,让我莞尔。

转眼他已长眠地下。墓前,放了一束花、一支燃着的烟。阿姨对着墓碑说,他们这么远地来看你。哥哥说,外公这里的位置多好啊,一排一座。女儿似乎有些疑惧,她既不能将去年见的"阿太"和这墓地联系起来,也奇怪大人们如此自然地对着墓碑说话,仿佛"阿太"还听得到。

过了几天,我们去给阿太扫墓。我给女儿解释:"你应该叫'太太太',是我的'阿太',就是你外婆的奶奶,是上次去上海扫墓的'阿太'的妈妈。"女儿听得稀里糊涂,也许只有家族的成年人才明了这血缘的支支脉脉吧。在墓前,我笑嘻嘻地说,阿太,这是晶晶的女儿。然后,我说起了阿太在世时,当时已经八十岁了,我还在读初中,有次她叫我给她剪头发,我给她剪了个齐眉的童花头,那时是中学生间最流行的,把老太太弄得哭笑不得。老太太去世二十年了,每次来扫墓,我都不大吭声。这次,不知怎的,我开始对着墓碑说话,而且说得颇有些饶舌,就像年长的人,把记忆里的一件件事都想起来了。女儿对着一大片墓地已经不害怕了。她按我们的吩咐,一个劲地对着墓地鞠躬。我年少时候和女儿一样,总觉得鞠躬别扭,和墓碑说话更别扭。也许每年的这个时候,就是让我们一次次学习传统中人们对亲人老去的达观态度。

走下山坡的时候，我看到了一对老年人在那个墓地。刚才在上山的路上，我就留意到，路边墓碑拓的照片上的年轻面容，是一位因公牺牲的军人。那么，这两位是他的父母了吧。老父亲在墓前摆吃的，老母亲在拔坟头的草，儿子离去有七八年了吧，我瞥见他们平静而沧桑的脸。生命有不能承受之重，但一年年，他们都能站在这里。

那天傍晚，在小区楼下，女儿叫我去看桃花。我想，我无数次地看过桃花开桃花落，有什么稀奇呢。受不住缠，我站到了一棵桃树下。我注意到，桃树根部干裂着，黑黝黝的，很丑陋，仿佛死去了。如果只看这个，谁也不会相信，顺着根部慢慢向上，树干的颜色慢慢变淡、变青，在枝头树梢伸向晴空的地方，一瓣瓣嫩芽变戏法似的出现，一朵朵桃花娇艳明媚。每年这个时候，千树万树的花这样绽放。看着这个，暗合了扫墓的感受，我想到一代代的繁衍传承，生命的坚强，感动，无言。

（刊于 2007 年 3 月 20 日《宁波日报》）

中山广场的夏夜

夏日,晚饭后一家人去附近中山广场是要下点决心的,毕竟空调房、电视剧的舒服感蛮让人留恋。虽然,我也承认这不能算是健康的生活方式。

傍晚的中山广场,人影绰绰。音乐声音响亮,一些人在跳交谊舞,另一批在跳集体舞。以前在不少地方看到过,但每次都是一瞥而过。这次因为就是来散心的,我干脆停下来好奇地站在一边看。跳舞的多为中老年,舞曲有旧曲《月亮走我也走》,更有新调《两只蝴蝶》,说明大家并不一味沉溺过往,也很愿意与时俱进。女儿大觉有趣,嚷着要我和她爸爸也来一曲,我们摇头不迭:不好意思的,万一碰到熟人呢。后来,我看树荫浓重,路灯下看不清谁是谁,于是很愿意在女儿面前现身说法"什么叫勇敢"。我拉上丈夫,开始跳起来。开始时两人左顾右盼,颇为扭捏,后来就找到感觉了。到底大学里跳过舞的,十多年过去,说不上行云流水,但也像模像样。我有些得意地转头看女儿的表情,她喜笑颜开,第一次看见我们在马路边跳舞,多新鲜!

如果你当时正好也看见,用一句常用的话来说,你也许"简直不敢相信自己的眼睛"吧?我们穿着拖鞋,随意的夏衣,在马路边,混在一大帮人中跳舞?唉,说起来,中年人忙于事业和家庭,大多活得特别拘谨,平时极少唱歌跳舞。即使有,也多是因应酬而起,哪能像眼下这样为自己而舞,为自己图一个身心享受?

在经历了"万事开头难"之后,我们被音乐唤起了兴趣,一家人又去跟在集体舞后面学,一边笑嘻嘻迎接周围好奇的眼光,开始尝到肆无忌惮的快乐。又一路随音乐扭着,跟女儿来到广场中间的大池子,看孩子们溜冰。我感叹说,中国人总是把孩子放在第一位啊,连广场上都是这样,把最好最大的地盘都让给了他们,老年人只占个广场的边角。女儿兴趣更大了,嚷着明晚也来溜冰。

隐约传来二胡声,我们好奇地一路"巡视"过去,公园西边的楼阁亭台里,氛围幽暗,散散落落地坐着些人。一个人在拉着二胡,不知是乐器还是人的水平的问题，二胡声有点变调。但不得不承认，这细细婉转的声音与酷暑夜里透出来的丝丝微风蛮相配的。坐在这楼阁亭台里，用散文里的名句来说："什么都可以想，什么都可以不想。"很享受，有人已经靠着栏杆假寐了。

这样的公园夏夜，这样的平民生活，幸福仿佛触手可及，我们的"教师职业病"又犯了，我们一边继续散步，一边开始探讨：什么是幸福？什么能定义幸福？广场上的人是不是幸福的？人活到一定年纪才会发现，原来让人生多一些幸福，其实也很简单啊。有一个不大跟自己捣乱的身体，有一个自己喜欢的人，有一种健康的爱好，生活有什么情绪啊，人生有多少不如意呀，就都可以通过它来排解。我们进而讨论中小学课程的设置和编排，恨不得把教育官员和专家都请到现场来，让他们多设些让学生一生幸福的课程和教学方式。女儿听得不耐烦了，这种谈话又叫她想起她那未完成的作业，自然是大为懊恼的。

第二天早上，丈夫告诉我，昨晚他做了个梦，梦见给学校排课程，真是绞尽脑汁。可见，"日有所思，夜有所梦"实在不是一句虚话。

（刊于 2007 年 7 月 6 日《宁波晚报》）

拆迁

父母家的那个地方要拆迁了。

其实这个话题已经说了好几年，但之前次次都只是"听说"，现在是动真格了。马路边的大型规划图招牌已经竖起来了，报纸上也时不时刊登这方面的消息，说是要建成休闲区。各种小道消息也在到处传，譬如，过渡房在哪里，安置房在哪里。心急的人已经去现场踏勘了。还有的听说家里装修好的，补偿也多，就赶紧安装防盗窗。父亲是个怕麻烦的人，也不喜欢用这种方式赚来的钱，并没什么动作，就等着办各种手续。

父母所住的房子造于20世纪80年代。当时是孤零零的一幢教工宿舍楼。渐渐地，周边的房子多了，逐渐形成了一个小区，都是火柴盒似的楼房。天长日久，房子渐渐陈旧，原住户大多搬出去了，来租住的外来人员越来越多。像父母住的那幢，就剩下四五户老同事。但也正因为这个原因，感情倒比退休前还亲，本来说好将来相邻着住安置房，但现在或去买二手房，或去投奔儿女了。

如果不拆迁，父亲是决意一直住下去的，他不习惯常住儿女家。虽然这房子看上去够破旧，外墙都脱落得有些斑驳了，但他说"年老喜静"。我大概知道他的心思，他所熟悉的人与环境都在这里，和老同事聊聊天，比较舒心。母亲是希望搬出去的，说换个环境也好。

但是他们住在那里，家就在那里，所以我们时不时要去聚一聚。那里弄堂窄，每次开车进去，尤其是调头，格外提心吊胆，但还是给蹭刮过好几回。

当然，我们也喜欢那里，典型的城乡接合部，人来人往，非常热闹，市井气息浓郁。路边车棚大都出租了，水果摊，缝补衣服，开水房，修车摊，蔬菜摊，面包坊，小吃店，碟片出租店，旧书出租等。我和女儿喜欢在这条窄窄的街道上"淘宝"，随意买些小玩意儿，这种世俗的热闹很容易让人快乐。

这些天，街道上挂了好些横幅，诸如"不让先迁的吃亏，不让后搬的得益"之类，女儿见了总觉得好玩，每每忍不住笑着读一遍。我也感叹我们的语文水平普遍提高了，任何地方的标语都大有韵律、对称之美感。其实，邻居间都挺高兴的，可以改善住房条件了，补偿费用也合理。父母对于要钱还是要房，是犹豫过很长时间的，但由于安置房是高层楼房，终究被这"高"吓住了，选择要钱去买二手房。所以，逢着周末，我们就陪着他们去看房，颇费了些心思：楼层要低一些，生活要方便些，老年人要多一些，乡邻有熟悉的人就更好了。哥说，这次要装修好一些，改善一下。父母搬家，仿佛就是我们搬家，他们改善条件，仿佛就是我们改善条件，一切都好像"过家家"似的高兴。女儿已经满怀憧憬，嚷嚷着暑假里要住到那新买的二手房了。

　　一切都很近了，就是一转眼的事儿了。眼前这一切都将消失，这里住的人都会像蒲公英一样散落到其他社区。他们满怀对新生活的向往，但想必内心是带着淡淡惆怅的，毕竟他们要离开的，不仅是一个住处，而且是陪他们一起长大、一起变老的房子，那段或青春或峥嵘的岁月，连同这些房子，从此就留在了记忆里。

　　今后，这里将建起非常漂亮的休闲区，估计会成为宁波的新一景。当有一天，我们路过这里，会忍不住提上一句吧："以前，我们就住在这里……"

（刊于 2009 年 6 月 18 日《宁波晚报》）

爱守恒

　　有个场景让我印象深刻，前年母亲刚出院不久，老哥对她"训话"，说了一大堆注意事项，譬如"隔夜饭菜不能吃，知不知道""按时服药，听到了没有"。老哥喉咙很响，一副恨铁不成钢的样子。母亲坐在餐桌边，低着头一声不吭，末了，老哥厉声问道："记牢了伐（记住了吗）？""晓得咧。"母亲轻轻地应了一声，像个非常听话的小学生。老哥看母亲态度还好，才算作罢。我在一旁忍不住偷乐，我们小时候也常被父母教训，真是"三十年河东，三十年河西"。

　　小时候，夏天吃冰棍是一件很奢侈的事儿。我们住在乡下，父亲每次到宁波城里去，就会买冰棍，用毛巾层层包了，放在搪瓷杯里带回家给我们吃。有一次去上海走亲戚，父亲由着我一天里吃了七根冰棍，现在我妈还常在我女儿面前提起这桩陈芝麻烂谷子之事，女儿瞅着我笑，笑容里是"你也有这种时候"的调侃！我只好讪笑。

　　那时的灵桥西侧，就是现在江厦公园樱花树旁边，应该是，有一家馄饨店，在我的印象里，是很大的店了。每年总有一两次，父母会带我们来这家店吃馄饨。那时候，这待遇基本等同于过节。父亲还常说起一件事，说我老哥三岁光景时，带他去吃馄饨，为省钱只买了一碗，本来还想分着吃一点。"你去买"，儿子指指窗口，父亲清晰记得这句话和儿子当时可爱的表情，结果是儿子连吃了三碗馄饨，剩下三碗汤让爸爸喝。但父亲回忆起来还是很开心，他惊讶于小孩子有这么好的胃口，这么爱吃馄饨。

　　就像父亲那时拿儿子没办法一样，现在人到中年的儿子也拿老爸没办法。我老哥承认，"唉，别人都还好对付，就是吃伐落（吃不消）我家这老头子"。譬如，老爸腿脚不好，医生开了住院单，结果什么手续都办好了，人也到了住院部，结果老爷子突然就怕病房这环境，坚决不住，搞得我们一点办法都没有，医生在旁边宽容地笑，说老年人都差不多，都怕住院的。上次去好友家看她刚出院的老爹，她老爹一看女儿没在身边，就小声向我们告状，"我是不要动手术的，他们一定逼牢我"。言辞间颇有

"胳膊拧不过大腿"的郁闷,让我忍俊不禁。现在我看到小孩子哭哭啼啼地被父母捉去医院打针,就觉得好笑,也许几十年之后,就轮到子女"押着"年迈的父母来医院看病了。

老爸有一阵子非常喜欢吃大白兔奶糖,说是嘴里没味,一颗接一颗地剥着吃,吃完就打电话来要我去买。这个时候,我们兄妹俩就扮演起"严父慈母"的角色,只要老爷子喜欢,我都会去买来,一直吃得他生厌为止。而老哥呢,一听到我买奶糖就生气,说是多吃对身体不好,不许吃。所以我跟我老哥会发生争执,亏得两人不常碰到,我买了,他也不知道。

母亲常说,你们兄妹俩小时候不大吵架,偶尔一次邻居家心急火燎地来报信,说俩孩子打起来了,一个拿着扫把,一个拿着畚箕。母亲听了一点也不着急,反而很开心地说,嘎难得啦,打打闹闹,屋里闹热啊。

记得前几天我到父母家,老妈告状说,气都气死了,上午和老头子吵了三次架。我听了真心欣慰,这说明二老身体好啊!于是表扬说,你们俩精力真旺盛,一上午有三次架可以吵,佩服佩服!老妈看我不替她"伸张正义",很不满,说,你总是包庇老头子。当然,对于二老"吵架",我一向就没个原则,作壁上观、和稀泥,还是各打五十大板,就看我当时心情啦。当然,坐在他们中间,一本正经地听他们陈述理由,仿佛大权在握,还是挺享受的事儿。

父母在我家住了近十年,帮我带大了孩子,而后就坚决不来了,答案是非常伟大的两个字:自由。"总是自家屋里自由!"一如当初我们非要到外地去读大学,去工作。哎,人人爱自由,老年人也不例外。

近年来,父亲腿脚不好,自己不敢下楼,过着类似"关禁闭"的生活。所以,我们就慢慢养成了一个习惯,周末去接他们下楼走走晒晒太阳,找家附近饭店吃顿饭,接接地气与人气。下楼前,我经常要拿把刷子替老爷子刷掉衣服上的饭菜渍子。老爷子不以为意,反正就糟老头一个。我说,你出门总得照顾我面子是不是?老妈说,他现在跟小孩差不多,看来要围个围兜了。每次我们去,老爷子总是很高兴,早早地准备好了拎包,穿戴整齐等着我们。他还逞能说,没关系,我自己走。他扶着楼梯扶手,我总是不管他说什么,坚决地搀住他,说,你这样子还能自己走?不摔下去才怪，当然，你穿得圆鼓鼓的，估计滚下去也没事。

老年人饮食习惯难改，在外面用餐，总是喜欢那么几种点心和菜品。所以带他们出去吃饭，倒是不用动脑筋，一下子就点好了。当然，和他们吃饭，基本是我们吃得少，照看他们比较多。有趣的是，我总是以老爷子为中心，而我哥总是对妈更好些。有次，老哥带他们出去吃，老爷子回来告状说，你阿哥总是给你妈夹菜，不给我夹。嘿嘿，吃醋了。于是我逗老爸老妈，你们说，儿子女儿哪个待你好啊？要说实话哦。我老妈说："两个一样好。""那到底是谁好？"我女儿也在旁边起哄。我突然觉得这场景似曾相识，不是吗，我们也经常会这么问小孩子，爸爸妈妈哪个好呀？孩子一般也"身经百战"，如果父母都在眼前，就会和稀泥地说，"两个一样好"。

不过说起父母待孩子，和孩子待父母，那还是有差距的。冬天里，女儿的腿部皮肤会发红开裂，于是我每天会让她泡泡脚，有空时给她按摩按摩。有次我突然想起来，对女儿感叹说，看来我还是待你更好啊，你外公外婆腿脚不好，顶多就是给他们买个足浴器，从来都没想到过给他们准备泡脚水、给他们按摩呢。唉，真的，天下孩子孝顺父母，怎么也比不过父母待孩子好啊！爱要守恒，不易不易。

（刊于 2013 年 10 月 11 日《宁波晚报》）

爱是要表达的

10日上班，交通极为拥堵。等得不耐烦，我干脆下车走路。步行的人很多，拖鞋中裤是标配，很多人捧着手机忙汇报，"不好意思，要迟到了"。走了一段，有年轻同事从后面骑车追上来，说昨天前面积水很深，他可以带我。我赶紧摆手，让他先走，多年没坐自行车了，也不好意思麻烦别人，当然也是心存幻想，一天过去，水应该会退了吧？

过了会儿，同事骑车返回，说水没退，还是上来吧。我和这位同事并不太熟，面对他的执着，心里颇为感动，就接受了他的好意，笨手笨脚地坐上他的车。果不其然，前面积水很深，旁边汽车开过，简直可以用"波涛汹涌"来形容了。在水里骑车，再带着我这个尚需减肥的女同志，自然很吃力，我看同事头发都被汗水浸湿了。

到单位门口，水很深，只能蹚水进去。遇见几位同事，三三两两地走来。大家埋怨这个糟糕的状况，又笑着描述自己是如何"迂回曲折"，克服"艰难险阻"才到达目的地的。

说起来，我们可以有充分的理由请假，但只要没接到停工通知，大家还是会想方设法从四面八方聚拢来。我们一位前辈同事花了三小时才走到单位，另一位同事的父母家就在受灾严重的地方，但因为工作需要，他每天在单位忙着抗灾，开始时打不通父母电话，后来一忙也顾不上。我问起他，他才"惊醒"似的赶紧给父母拨电话。还有一位同事虽然没接到命令，但依然想方设法赶到学校帮忙，给困在宿舍的学生们送饭送水。

这些行为在这段特殊时期，真是太普通太平常了。也许有人认为，这是应该的。他们自己也认为，这是应该的。但这种发自内心的、深入骨髓的敬业精神，其实是非常伟大的。电视里警察、社工、记者、志愿者，也不知道他们在水里站了多久，衣服干了又湿，湿了又干。当他们分发食品的时候，可能自己也早已饥肠辘辘了。尤其那些社工，社区老人真的是全靠他们才能渡过难关。很多人伸手请求帮助，而他们就是靠山，而靠山是不能倒的，只能硬撑着。有人发微博描述一位民警："胡子拉碴，几天没刮了？满脸疲惫，多久没回家休息了？两件矿泉水只能拖着了,是谁值得他还在齐腰深的水里尽力?现在水还这么深,前两天是如何过来的……"

看电视里的直播,我心里也很焦虑,但又不知该做些什么,于是就安慰自己说,不开车、不出门就是不添乱。直到有天晚上看网上的论坛,有的网友说,自己经常为外地捐款捐物,可是这次自己家乡遭难,别人却没什么动静,有些伤心。这个时候,我突然意识到,当一个人遭遇困境时,是多么希望周围人能伸出援手,就算没有行动,有个关心的态度也是慰藉人心的。我的一个同事说,她父亲叫上几个人开车载了皮划艇,已经赶赴余姚去给亲朋好友送东西了。你想想,如果双方相见,会多少感动啊!我看到网上说有的酒店做了上千份盒饭,送到余姚去,那真的是雪中送炭的事啊,而更令人感动的是,这些员工家里也受灾,他们是克服种种困难赶到单位来加班的。

晚上,我也接到了几个亲朋好友的电话,来问候我和我的家人,虽然我家没什么事,真有事的话,问候也于事无补,但这确实让人心生温暖,知道自己并不孤单。我不由心生愧意,虽然能力不够,但其实还是可以做一些事的,如果自己有心,譬如问问学校、社区是否需要人手,再不济,问候一下受困的人,也能带给人温暖啊,可是我什么都没有做,除了空落落的牵挂与担心。于是我赶紧"亡羊补牢",开始挨个联系余姚的熟人,嘱咐丈夫去捐款,对女儿说以后聚餐吃饭要去这个送餐酒店。

我看到,在一个十字路口,可能因为公交车改道或者停运,有个老人不知该往哪里走,他就用宁波话问附近的武警,还没等武警反应过来,旁边几个推自行车或电瓶车等红灯的人、走路的行人纷纷围过来给他指路,有个中年人表示,跟他走一段路就可以坐车了。我看到,在小区门口,因为停车,住户和保安起了争执,而围观的人都在劝这个住户:这是非常时期,保安也是没办法,大家相互体谅体谅,不是什么大事。这几天,大家都显得格外热心。

在这场大水灾中,虽然也有些不和谐的声音,但真的只占很小很小的份额,更多的人通过各种方式表达着对职业的忠诚、对他人的关切,甚至不顾自身安危赶赴一线救灾。很多网友在论坛上也表现出更为理性和热忱的态度,譬如对于热心救助的酒店,有非常多的跟帖赞美酒店,其中最牛的一句是:"以后专程去光顾,不解释!"

在第一次接到停课通知的时候,女儿非常高兴,好像捡了个大便宜。到了第三天,她有点焦虑,想上学了,说在家十天了,人都要发霉了。一起看电视直播,她低沉着声音跟我说了一句话,让我颇为动容:"以后我也要去当志愿者。"女儿给我看她们同学 QQ 群里在热传的一段话,说是老师写的:"如果明天复课,我要跟孩子们讲讲这场水。要让他们知道,你可以为停课而欢欣雀跃,但也要对因此而处于困境中的人心存悲悯;你可以不施援手,但你要学会照顾自己,保护家人,将社会资源留给更需要的人,这也是一种力量;如果力所能及,请你帮助你能帮到的人,即使他们与你素不相识;如果有一天,你成为这个城市的建设者或管理者,请你想一想,我能不能在灾害来临之前就做点儿什么,而不是到无可收拾的时候再焦头烂额。"显然,孩子们在深思,在走向成熟。

这些表达,我们成人社会的所有表达,其实都是在表达对未来的期待,在酝酿一个更为美好的未来。大水已逐渐退去,渗入泥土里。而我们在这场大水里的所有言行,也将伴随这场大水的深刻记忆,悄然渗入孩子们的心灵深处。相信在这种氛围下成长起来的孩子们,将会努力打造出一个更有爱心、更有理性、更有素质的未来。

(刊于 2013 年 11 月 2 日《宁波日报》)

疼痛

生病住院，也算不得什么大事，父亲就住过数十次，可是母亲例外。

母亲带大我们兄妹两个，悉心照顾体弱的父亲，她只在中年时住过一次院。现在七十岁的人了，发烧到三十九度，都是自己撑着去医院，不肯麻烦我们。在她眼里，我们的事全是天大的事，她的事都是小事。

这一次，医生怀疑她的心脏有问题，要她住院，母亲眼里有了泪。母亲是个节约人，我知道她心疼钱，更放心不下家里。我拍拍她的背，别担心，有我们呢。

医生会诊后，说病情不轻，心脏问题估计十多年前就有了，这次肺部发炎，令本就脆弱的心脏难以承受了。丈夫安慰我说，医生总要把病情说重一点，这样治好了就表明他们的水平高。我们兄妹俩也很愿意这样想。

平日里，我会三天两头打电话给父母，经常带孩子去"蹭饭"，有时也会对他们很不耐烦。哥和父母平日里联系不多，他的逻辑是"没事打什么电话呢"。所以他打电话都是有事的，偶尔哪天来电闲聊两句，父母倒要费心思量大半天，"他今天到底有什么事呢"。

这一次，平日里忙碌的哥一下子就空闲下来了，经常在母亲的病床边候着，拿个苹果慢吞吞地削，让苹果皮悠悠地垂下来。他想晚上陪在医院，母亲"威胁"说，要是我们陪，她就回家去睡。哥挨不过倔强的母亲，晚上坐到七八点钟告退，在外面转悠一圈，又回来在沉睡的母亲身边坐会儿。有时干脆在医院旁边的酒店开一间房，说，回家去睡，经常会梦醒，睡不踏实。

母亲的邻床是个八十多岁的老太太，她五十多岁的女儿在旁边照看。当几个专家医生来给她会诊，估计看到我们被这架势吓得脸色微变，以为这是她病重的明证。老太太耳聋，但心里明亮着，一眼看透我们的心思，朝我们挥着手大声说："不要怕，我也会诊过很多次，做做样子的，没用场。"她女儿"训斥"道："你又多管闲事！快把手放被子里去！"她瘪着嘴很顺从地说："好，我给你放进去。"她女儿立即予以严厉的纠正："不是为我，是为你自己！"然后细心地把被角掖好，拍拍老太太的手，转脸向我们一笑："我当她老小孩养的。"一个五十多岁的中年女性，因为伴在母亲身边，脸上露出了小女儿般俏皮的神情，令我们不觉莞尔。她自己也身体不适，刚挂过盐水，睡眠也不好，但照样用一把折叠椅，夜里陪睡在老母亲身边。

那两天，我不小心扭了脖子，没当回事，常在医院进出，也没去就诊。但疼痛的发展程度超过我的想象，先是脖子的一侧隐隐作痛，后来渐渐蔓延开去，连后脑勺都痛了。再后来，连头都没法转动了。我用手托着后脑勺做事、走路，样子怪异。到了晚上，躺在床上，连翻身都成问题，疼得眼含泪水。是我脆弱了吗，如此忍不得疼？还是这次母亲住院，我精神累着了？我怀疑自己潜意识里是想扭转这个局面，结果倒把脖子给扭了。

下班坐公交车，眼里看到的，再不是别人的衣着打扮，而是那一个个脖子在屈、伸、扭、转，头一次对这种"左顾右盼"产生艳羡和不可思议，这脖子的能耐好大呢。也许因为我们从出生就一直拥有这些能力，所以觉得理所当然。现在因为疼痛，我们才惊觉它们存在的意义。我突然记起报纸上看到过的一句很经典的话："从某种意义上说，当你察觉身体某个部位的存在，那就说明那个部位出问题了。"

由此联想开去，父母倒挺像是我们身上的某个"部位"的。我们平日里无知无觉，在外面为所谓的事业打拼，疏于关心父母，只知索取。当父母因体弱而生病，在我们心里的某个地方，终于感觉如此疼痛，才知道长久以来，我们一直如此倚仗着父母的力量，才惊觉父母本是我们身体的一部分，是我们生命的一部分。

记得春节时，有位友人的QQ签名是："低徊愧人子，不敢叹风尘。"他说，这次回家，发现父母又老了不少。他感叹说，人说世上有三件事真的是不能等的，其一就是亲情，可是有多少人明白？

记得在我童年的时候，母亲带我去镇上，在一家饮食店里，母亲给我点了一碗馄饨，然后她就看着我吃。旁边的一位大爷感叹说，侬现在搭小人介好，下日小人搭大人阿里会介好（你现在待孩子那么好，以后孩子待父母哪会这么好呢）。现在,我在心里问自己,真是这样的吗?

　　近日,母亲康复出院。邻床老太太转到另一个病房了,我们过去打了个招呼。她女儿端着脸盆出来,经过那么多天的服侍,一脸的疲惫。老太太深陷在被窝里,看不清表情。母亲和她女儿简单说了两句,不善言辞的我匆匆看了一眼,没吭声。我心里很惦记这位老太太,希望她平安度过,早日康复。

（写于2010年3月19日）

育儿与养老

自从国家全面放开二孩政策之后,大家当正经事说、当玩笑话讲的,都是这个话题。

大家兴奋之余,心情还颇有点复杂。譬如"50后"面临的是:还有没有能力帮子女再带一个,这是个问题。"70后""80后"纠结的是:生,还是不生? 这又是个问题。可怜我们"60后"面临的是:还能不能生得出来? 这更是个问题。我跟我读大学的女儿开玩笑,问她是否同意我再生一个。她一迭声地说不要,我说按我这个年纪也蛮好奇自己是否还能真的生出小孩来,她哭笑不得地回复:"你这个神奇的妈!"我们同学微信群里讨论起这件事,我的一个好友很来劲,拿出一副"人定胜天"的架势招呼我一起生,还说要去找名医把把脉。男同学则调侃说,等你去幼儿园接孩子,人家老师会招呼说:奶奶来啦! 真打击人。

说真的,我的确觉得我女儿没有弟弟妹妹,实在是人生的遗憾。所以我就跟她说,你没有亲兄弟姐妹,所以你的表、堂兄弟姐妹就是你嫡亲的啦。这一点我妈就比较幸福,她有一个儿子一个女儿,凑成一个"好"字。我妈回忆我们小时候说,我哥和邻居家小孩打架,我人小帮不上忙,就在旁边叫对方爹妈的名字以"扰乱军心",她和邻居看了哈哈大笑,觉得我人小鬼大。

这就是有兄弟姐妹的好处啊,当然这还是玩笑话,最重要的一点是,有兄弟姐妹可以相互帮衬。譬如我和我哥平日里倒也没什么联系,但是家里的大事情都是我哥拿主意,小事情我操心多点。譬如陪老妈去超市是我的任务;要不要住院什么的则是我哥拿主意。兄妹俩每周各自去探望老人家一次,我经常买点菜带过去,他则带点水果过去,没有约定,但心照不宣。逢年过节,有时外出旅游时间长,我哥就会说,我在宁波,你放心去。

当然,即使有两兄妹,但大家工作忙,父母也喜欢在自己家住,后来父亲走后,母亲也还是愿意自己住,所以多数日子她还是靠自己照顾自己。不过现在社区、街道对老人照顾蛮周到的。譬如以前会安排人上门来帮老父亲理发,甚至父亲住院后,都会特意寻到医院来理发,态度非常好,跟老人家东拉西扯的"讲大道",所以我老妈会经常念叨师傅的好。到社区医院量量血压什么的,医生也很耐心,就顺便坐在那里聊聊天。现在还赠送钟点工服务,我妈可以享受每月一个半小时的免费服务。虽然时间不长,但钟点工"手脚快",擦油烟机、擦窗什么的难活儿、重活儿基本都可以干完。社区里设有家友服务站,对老人态度非常好,有什么要咨询、求助的都会热情接待,甚至还会专程开车送我妈去办相关手续,真是不厌其烦。我妈过意不去,拿出水果请她带回去,对方一个劲谢绝,玩笑说不好收礼物的,搞不好工作都没了,我妈听了只能作罢。这些人、这些事我几乎都没见过,都是每次去家里,老妈一五一十告诉我的,这真是一种看不到但感受得到的温暖。

所以像我们"60后"说要再生一个,还真是玩笑话居多,无论怎样,我们算是错过了。当然所谓养儿防老,我们的孩子都是独生子女,算是势单力薄的,但是从现在社会的发展趋势看,相信将来的保障与服务会越来越健全,帮助这些独生子女们支撑起我们未来的老年生活。

（刊于 2016 年 1 月 19 日《宁波晚报》）

和吃有关的大学记忆

在杭州读大学时，有次，我和一室友共餐，买了土豆烧小排。室友来自江西，暑假刚去过桂林探亲。于是俩人以"桂林美还是杭州美"当作餐间谈资。室友说这两者没法比，然后，仿佛灵光一闪，她说，桂林的山有点像小排。虽然这话说得前言不搭后语的，但我也不算笨，领会她想说的是"嶙峋"一词。我恍然大悟地接她的话说，那杭州很温柔圆润，岂不是像土豆？！桂林与杭州，不就是土豆烧小排吗！越琢磨越觉得妙不可言，俩人仿佛得了什么宝藏，坐在食堂的长凳上乐不可支。

现在，每当我吃土豆烧小排，总是记起它还有个名称叫"桂林烧杭州"。

我们大学寝室七个人，有几个美女，多率性可爱，男生慕名而来的不少。他们经常会献点小殷勤，譬如带点好吃的来讨好我们。那时，室友的地位不比丈母娘的低啊。当然，我们是照例客气谢绝的，各自靠在床头看书或打毛衣。末了，那几个人走了，我们几个马上原形毕露，"呼"的一下子围到桌子边，嘻嘻哈哈地消灭那些好吃的，我们经常这样，嘿嘿。记得有次出过岔子，那两个"鬼"（因为不够"识相"，所以这么称呼）道别出门以后，突然想起手套忘我们那里了，就折回来拿。于是，当他们再次进来时，自然看到堆了一桌子的壳皮残骸，仿佛被蚂蚁部队突袭过。如果容我描述一下的话，我们是"猝不及防"，那两人可以说是"简直不敢相信自己的眼睛"，仅剩的一点理智帮助他们不敢张大惊骇的嘴，彼此再一次礼貌地道别。一关上门，我们一帮人全笑翻了。

在大学里，听课时几个室友总是爱坐在一起。我记得是在阶梯教室吧，俩室友听得无聊，突然瞥见前座一个男生，又看看我，像发现新大陆似的，在那里偷笑。我被她们看得莫名其妙。逼问之下，其中一个对我耳语："你看，那个俞同学，是不是和你很像？脸黑黑的，圆圆的。还有，'雪碧'广告说，'晶晶亮，透心凉'，他的名字里刚好有个'良（凉）'字。你看，多有夫妻相呀！"这俩鬼丫头一搭一档，端详我，又瞥他，俩人偷笑得捂肚子。笑毕，觉得义不容辞，发誓要撮合我们。于是，她们人前人后经常拿这开玩笑。就这样，全班同学虽不知道故事的由来，但都知道了我和那个俞同学有点故事。我名晶晶，男同学叫我"金针菜"。那位男同学姓俞，他们叫他"鱼头"。于是一帮男同学见了我："金针菜，今天吃没吃鱼头啊？"或者在我面前问那位俞同学："老鱼头，今天食堂好像有金针菜的哦？"不厌其烦地就这么两句话，但是，总是边说边笑得不行。大学几年里这样的玩笑话一直没断过。虽然我们两人没如他们所愿谈起恋爱，但是，他们现在还是很满足，促狭地说，这样最好，结婚了倒要离的，倒不如现在可以继续开这个玩笑。

现在，当我坐在电脑前写下这些哭笑不得的话时，我居然克制不住地想念。想见那几个鬼丫头，想见那几个"阴阳怪气"的男生，想见那个一脸憨厚的"老鱼头"。十五年过去了，当你在电话里听到有人叫你"（周）扒皮"，因为你姓周；叫你"妖精"，也不知因为什么。总之，这些大大不雅的叫法只有他们这帮人敢叫。就像"桂林烧杭州"，这不着边际的话只有和我们在一起度过大学时光的人才听得懂。当然，你知道，当你再一次听到这些，你只有开心，因为他们来了，所以，你过去美好的大学生活回来了。

（刊于 2007 年 1 月 19 日《宁波晚报》）

那棵永恒的"山楂树"

旅途一路昏昏沉沉，旁边有人递过来一本书，《山楂树之恋》。这本小说我知道，前阵子挺轰动的，已经被张艺谋拍成电影了。不过近些年来，我已经很少购买或者翻阅小说，人到中年，对于一切由虚构的、梦想出来的东西，正逐渐失去兴趣。

翻阅这本《山楂树之恋》，说实话也是出于礼貌。我看前言、后记，有点兴趣，然后看结局，有点震惊，然后一点一点翻阅起来。当然，我没有预料到，这本书竟然使我的这一段旅途，迅速失去了悠闲的心境。

七十年代中期，男主角老三，军区司令员的儿子，二十五岁，在勘探队工作；女主角静秋，十八岁，一个高中即将毕业的、家庭成分不好的女孩子。两人相识于乡下的一家农户，青春萌动，两情相悦，由此开始了一场恋爱故事。在故事的开端，这一场恋爱并没有什么过人之处。而且和现在相比，那时没有手机，没有互联网，甚至写一封信，都不能保证会被送到对方手中。在当时压抑的时代背景下，爱情虽然没有恣意生长的空间，但情感流动并不因此受阻。在两颗心的触碰中，美好的未来似乎拉开了序幕。

故事的转折点是在老三被查出得了白血病之后。

命运如此安排，实在残酷。当一个年轻人得知自己将不久于人世，会是一种怎样的绝望心态，我们虽无从揣测，但也不难想象。如果他想拼命抓住这一生屈指可数的时光，饮尽这热恋之美酒，想必我们完全能谅解。事实上，静秋也是这样想的。

但是当老三了解到静秋欲随他而去的打算之后，他就迅速遮掩了一切真相，销声匿迹了。静秋困惑而郁闷地开始了新的生活，但也一直没放弃寻找。其实老三就住在她附近，伴随在静秋的身边。能走动的时候，在弟弟的陪同下，他悄然去静秋的单位看她；病重的时候，让他弟弟去看，回来讲给他听。"别让她知道，就让她这么无忧无虑地生活。"在病情日渐严重的时候，老三告诉弟弟，如果将来静秋生活幸福，就不要打扰她了；如果她不幸福，就把自己的日记、照片等遗物交给她，"让她相信世界上是有永远的爱的"。老三临终走得非常痛苦,一直不肯闭眼。他弟弟无奈违背了哥哥的心愿,去把静秋找来,并要她答应不能做傻事。在弥留之际,不知老三是否能听到静秋的声声呼唤,但他终于闭上了眼,眼角滑下了"两滴红色的、晶莹的泪"。

而据后来静秋答网友问可知,老三兄弟两感情深厚,他弟弟在她面前痛哭流涕,说只愿代哥哥去死。这份爱情、亲情,临别的最后一幕,想来就令人泪下,甚至到了不忍卒读的程度。因为这不是小说,是一个真实故事,是静秋为纪念老三去世三十周年,委托作者在她日记的基础上写成的。

为了使静秋少受刺激,老三在他的日记里很少提及他所受的病痛折磨,虽然病情发展到后来,人已经内脏出血,双目失明。他在日记里梦想静秋的未来,为静秋将来的孩子选择摇篮曲。他在日记本的扉页上写着:"我不能等你一年零一个月了,我也不能等你到二十五岁了,但是我会等你一辈子。"1976年5月,老三去世,被安葬在两人相约的那棵山楂树下。

如果《泰坦尼克号》里的爱情能让你落泪,那么《山楂树之恋》足以让你相信世间真有这样的绝唱。在一个青春美好的岁月,遇到两情相悦的人,谈一场自始至终的恋爱,不考虑一切物质条件,相信会是绝大多数人的梦想。爱得狂热,爱得毫无保留,也是爱情的常态,并不为过。而明知自己时日无多,却愿意为了对方的一辈子,自己留下一辈子的遗憾,却不是每一个人都能达到的境界。老三的爱情让人相信,在欲望、激情之上,总还有一些东西,能够帮助我们超越人性的弱点。这无比隐忍的、克制的爱情,散发出如此圣洁的光辉。也就是在多年之后,静秋才明白,老三所给予的爱,已经到了爱情的一个极限,无以复加。

当我望着车窗外飞逝而过的青山绿水,难免想到,不知哪座山头、哪棵山楂树下,埋着老三恋恋不舍的爱情。"很多年之后,你对你的后代讲起我,你不用说我的名字只说是一个你——爱过的人——就行。我——就是想到那一天,才有勇气——面对——现在。想着那一天,我就觉得我只是——到另一个地方去,在那里看你——幸福地生活——"老三这段话，可谓字字滴血，让人直叹命运如此残酷，唯留痴情永恒。

　　其实，如果细想起来，在我们的身边，感人肺腑的爱情也有不少吧？而最后，少数爱情生离死别了；多数爱情被生活磨蚀了。如果我们去读读《山楂树之恋》，也许会有些触动。显然，《山楂树之恋》是不独令人感伤的，更是教人珍惜的；不独是针对年轻人的，也是针对中年人的。生活的琐碎、磨砺或者伤害，令我们的外表和内心逐渐变形走样，甚至面目全非。如果我们能记得，那些深爱过或者被人深爱过的岁月，记得那被爱情照亮的纯真模样，也许，我们会努力让自己活得更美好，且行且珍惜。

　　　　　　　　　　　　　（刊于2010年9月5日《宁波晚报》）

圆明园·千千阕歌

我去过两次北京,都是跟旅游团去的,去过故宫、颐和园、长城等常规景点。所以,趁这次在北京培训,我抽空去了趟圆明园,去凭吊伫立在一片废墟中的断垣残壁。

一路上,我已经在回想那段历史,开始酝酿情绪了。当我进去的时候,却不承想看到的是一个很大很美的公园,我指的是全然不是我想象中的圆明园。亭台楼阁隐现在烟云树丛间,荷塘里大片的荷叶荷花。生怕游人忽略这景色,边上居然还树了十多块木牌,把那杨万里的"接天莲叶无穷碧,映日荷花别样红"等大大书写在上面,令我哑然失笑。此时正是端午节日,一家三口、男女朋友的居多,很有过节气氛。一时我竟有些迷惑:这就是圆明园? 这倒像杭州曲院风荷的景致呢。转而一想,也许这里已经按原样修整了吧,变成人们休闲的场所,这是对的。

在桥边买了一本《圆明园》小册子,走走停停时翻看,对圆明园的结构有了初步的认识,它占地五千多亩,前后建造了51年,历经几代修葺,崇构杰制,内藏历代珍藏下来的无数历史文物,可以说是世界上独一无二的名园,它的被毁,实在是世界文化史上的巨大损失。

就这么一路在花红柳绿里漫步过去,我塞了耳机听着音乐,虽然心里还有些迷惑不解,但心情渐渐轻松起来。而就在我没有心理准备的时候,在一个疑似公园尽头的转弯处,猝不及防地,在一片绿地上,一群白色的断垣残壁出现在我的视线里——它们是如此夺目,如此庞然,近在眼前,仿佛迎面撞在我的脑门上。我的心狂跳起来:圆明园! 她终于出现了!

我本来就是来找这个的,我应该非常熟悉这断垣残壁,我无数次在图片中看到过。但我还是被狠狠击中,眼眶发热,喉咙哽住:它的确是名副其实的废墟了,但这是多么壮美的废墟! 所有图片都无法替代我亲眼所见! 这些残缺不齐的石柱依然直指天空,这些支离破裂的石基如此巨大,雕刻盘桓而上,气势逼人,使周遭一切都失去了分量!

我慢慢地走进废墟之中,依着书中所示,辨认着谐奇趣、远瀛观、海晏堂等遗址。这些巨大的建筑石刻散落在四周，半埋在地上，孤立在半空。即使只留下这些片段，依然不难勾勒出她曾经恢宏无比的美丽。我看到几个老外，用手抚着石碑上的数字，轻轻念叨着"one-seven-five-one"（1751年），令人心生沧桑之感。

这里，曾经是世界上的"万园之园"，凝聚了劳动人民的无限智慧和无尽血汗。如今，它被铁栏圈围在那里，供人们凭吊。她是举世无双的，更是遭受惨绝重创的！英法联军，继而八国联军，肆无忌惮的洗劫焚烧，"烟青云黑，掩蔽天日"，拿不走的，"则以棒击，必至粉碎而后快"；后来，又遭八旗兵与恶霸们大肆洗劫，继续成千上万的被拆除；后来，当时的军阀用了几十年，一车车地装运出去，连瓦砖、石料都不肯放过……

我坐在石头上，坐在这圆明园的废墟里。想象着她被焚烧被击碎，一座座轰然倒塌、一堆堆焚烧成灰。你忍心看着美是如何被毁灭的吗？我感觉自己要伸出双手去保护、去阻止，我的心在撕心裂肺地喊"不要不要"，可是我依然沉默地坐在石头上。

多么残忍而无助，把这一切毫无保留地呈现给你看。这些断壁残垣不是岁月流逝的痕迹，是一个个裸露的巨大创伤。为什么，圆明园你要遭受这斩根除草般的打击？当你诞生时，自豪屹立于世界园林之首时，何曾想到有那么多的重创在日后岁月里等着你？

这时，耳机里传出陈慧娴演唱的《千千阙歌》："来日纵使千千阙歌，飘于远方我路上，来日纵使千千晚星，亮过今晚月亮，都比不起这宵美丽，都洗不清今晚我所想，因不知哪天再共你唱。"这歌词是如此不舍，如此绝望，如此百感交集，令我潸然泪下。这满塘的荷花可以死而复生，但"这些建筑，都足以表彰往日的技术和风格，独一无二。世上没有什么东西可以和它比拟，你们曾经看过一次，就永远不能重睹"。

伴着陈慧娴的歌声，我在圆明园的废墟上坐了很久。

一切似乎灰飞烟灭。可是，她多么努力，硬撑着不倒下。废墟上，这些带不走的、烧不尽的、摧不垮的，即使只留下真正的断壁残垣，依然令人惊艳。她要让世人知道，她真的来过，她曾经的举世无双，她曾经遭受的无尽苦难，她虽历经粉身碎骨的重创而没有被压碎的一颗心。她的一生,也是所有善良而历经磨难的人们的一生。她诞生了,任何外力就再也不能把她摧毁。无数的人来到这里,依然可以聆听到她诉说的一切。

千千阕歌,唱不尽看你离开的不舍情感。千千阕歌,更唱不尽对你、对遭受过或正在遭受磨难而依然伫立的心灵的敬意。

（刊于 2008 年 10 月 7 日《宁波日报》）

为什么是新加坡

这个题目显然有点怪，不过在新加坡的十来天里，我经常在当地报纸上看到这样的标题：*Why Singapore*。如果按照我们的说法就是：为什么（是）新加坡。是啊，为什么是新加坡呢，这么个资源贫乏的小国家，竟是世界上现代化的、发展中的大国或小国学习取经的样板。借着这次在南洋理工大学培训的机会，我得以直观感知。

那几天，恰逢新加坡国庆前夕，路两边的大楼，尤其是几十层高的组屋，每户阳台上大都已挂上了国旗，几十、几百、几千面国旗，一眼望去，蔚为壮观。陪同人员介绍说是社区工作人员挨家挨户去发放的，过节气氛浓厚，仿佛能听到他们的心声："祖国的生日到了！"

果不其然，在国庆庆典滨海湾现场，近三万观众身着红色 T 恤参与庆祝，我们虽没能身临其境，但在电视上、报纸上已经感受到了这种热烈的气氛。那几天，授课教师也一再提到新加坡的建国史。是啊，回顾新加坡的历史，真是非常不容易。"新加坡是硬生生被推上独立道路的。"有位教师说得更直白："是被一脚踹出来的。"据说当时李光耀总理流了眼泪，失业率高，就学率低，连自来水、造房子的沙石都要进口，资源极其贫乏，前路茫茫，这个国家怎么生存下去呢？世上自有不少等着看好戏的，看新加坡如何向他们求助甚至屈服。"我们新加坡没有别的，只有阳光。"现在新加坡成了世人向往的"新加坡"，其中的奋斗历程不能不叫人感服。

当初面对水源危机，新加坡一方面搞好环保，尽力保护原始森林和湿地，使之成为天然的蓄水池。在这样一个人口密度每平方公里 6000 多人的城市国家里，精心布局，做到绿树成荫、草坪连片。我们所住的南洋理工大学里，满眼青葱的树啊草啊，绵延不绝，只觉得这大学真的好大。现在这个"花园城市"国家又在向新目标"花园中的国家"冲刺。另一方面，新加坡大力发展精英教育，不惜血本培养人才，终于在耗费无数的智慧和心血之后，建立了"新生水厂"，"以人力挽回天命"，从海水淡化和污水再利用中闯出一条生路。现在，新生水各项水质指标都优于自来水,清洁度至少比世界卫生组织规定的国际饮用水标准高出 50 倍,今年新加坡还获得了有水务界诺贝尔奖之称的"斯德哥尔摩工业水奖",这是强大的使命感所致啊!所以也不难理解,为何当个别新加坡的国家奖学金得主没按时回国服务时,科技研究局主席杨烈国措辞激愤:"如果年轻人没有价值观,那就会和唯利是图的雇佣兵没有差别!如果年轻人没有报答国家的基本价值观,新加坡将没有前途可言!"

现在,新生水厂已经是一个著名的旅游参观景点,更成为向年轻一代传递新加坡精神的基地。我们在参观新生水厂时,我看到一张资料照片,标题就是"2002 年国庆庆典,六万观众齐饮新生水,祝贺新加坡生日快乐"。因为这不仅是水的新生,还是祖国新生的一部分!相信此刻,祖国不再是一个崇高而抽象的概念,而是每个新加坡人赖以生存、休戚与共的家园!到 2011 年,新加坡和邻国签订的第一份水供协定到期后,新加坡人终于可以舒一口气说:"我们做到水自立了"。解说员递过一瓶新生水,我虽然知道这是废水回收后制成的饮用水,但是我非常放心地喝了几口,专心而虔诚地品尝着这新生水的味道,我甚至想把这瓶水带回国内,给女儿讲讲这瓶水的故事。

真的是背水一战啊!这种自强不息、发愤图强、自尊自立的品格我们多么熟悉啊,这也是中华民族的传统美德!新加坡这段艰难中奋进的建国史又和我们何其相似!真是特别容易引起共鸣。我也期望在我们的国庆节,不只是单位,我们每个家庭的窗口也都挂上国旗,不仅为表达一种祝愿,更为这几代人艰苦创业的过往,为现在、将来还需要一直依倚的精神,表达同一种坚定的心声。

(刊于 2007 年 12 月 18 日《宁波日报》)

第四篇章
探索世界的奥秘

儿童的好奇心。每个孩子出生后,都是有无限好奇心的,这是他们成长的动力。他们用这种天性里的东西跟这个世界做各种触碰,在这个过程中学习成长。如果他们被过多地阻止或者遭受过多的失败,就很有可能失去好奇心,所以儿童的好奇心是需要格外呵护和保护的。呵护意味着要特别小心,但又不是密不透风地包裹。保护就是必要的时候要坚定地维护。当然这个"度"是不好把握的,需要成年人用心去判断。

当儿童去探索的时候,成年人尽量不要提前"剧透"。让孩子自己去感受体验,毕竟自己亲身实践得来的知识经验是最有价值的,我们不能用自己的知识经验去覆盖儿童的心灵。如果家长过多地把自以为成熟的一套强加到孩子身上,孩子就会感觉到不自在,这就是为何家长和孩子经常发生矛盾冲突的原因。意大利著名幼儿教育家蒙台梭利一直强调儿童是"精神胚胎",所以特别希望教师"在我们的教育体系中,她必须成为被动的观察者,而绝不是主动的带头人。她的被动应该包括热切的科学好奇心及对被观察现象的绝对尊重"。这个道理对于家长而言,同样说得通。

当然,对于有些触及底线的、危险的探索与好奇心,还是需要成人予以引导的。人生不是什么事情都可以尝试的,因为有时候没有回头路。这就需要成人摆事实、讲道理,并在日常的陪伴中传递、渗透,切忌简单粗暴地截断、阻止等极端做法,以避免激发孩子的逆反心理,乃至发生冲突。

教师的好奇心。作为一名教师,保持一颗好奇心是很重要的,或者说乐于去了解、去关注身外世界很有必要,譬如世界各地的风土人情、大自然的鸟虫花草。只有当你尝试着多去了解这世界万物,你的课堂教学背景才会丰富起来,也更能够引导学生去理解人生,学会更好地生活。

所以当你留心听一位优秀教师的课时，就不难发现其中往往蕴藏着非常丰富的知识，这些知识使课堂刹那间活色生香起来。可以说，一个人对世界万物了解得越多，就越不会以自我为中心，居高临下地思考问题，就越能慢慢滋生一种悲悯情怀，那些关于环保、生态等的教育也就更容易入脑。

当然，探索世界奥秘是需要闲暇时间和宽松心境的。如果我们经常被琐事、烦心事所困扰，那探索世界的好奇心就会受影响，也很容易失去感受生活中各种美的能力。而一颗麻木的心灵，说实在的，是非常不利于教育教学工作的。所以苏联教育家苏霍姆林斯基在帕夫雷什中学当校长时，就致力于丰富教师的课余生活，给教师留出闲暇时间。譬如鼓励他们去阅读文学作品、利用节假日到城里去欣赏音乐和歌剧、散步、在田野里劳动等等。

好奇心犹如萤火虫。据说，萤火虫是生态环境的指示物种，凡是萤火虫种群分布的区域，都是生态环境保护得比较好的地方。师生怀有深刻的好奇心、乐于探索世界的奥秘，那也一定是他们拥有良好的成长和发展环境。不急着赶路，"等一等灵魂"，这都是非常美的境界。而这萤火虫虽然微小柔弱，但只要有它在，那么这个精神世界终究是美好的。

世界真奇妙

譬如一只蚂蚁在森林里，它走啊走啊，怎么也走不完。它就会想，这片森林到底有多大？森林外面是什么？当然，它一生都不可能弄明白。譬如鲨鱼在海里游，看到一艘潜艇从身边悄无声息地驶过，它会非常好奇，用尽它们的智慧努力研究，但是终究没法解释，或许它们会把这雪茄状的东西称为"不明飞行物"？当一个人想到，仅仅银河系就有1000多亿颗恒星，地球自然连一粒沙子都算不上，地球上的人只有张大惊骇的嘴。

"用人类的方法研究UFO肯定是不对的，譬如——"这几天吃晚饭，我基本就用这个作开场白，然后女儿就会接上一句："譬如一只蚂蚁在森林里——妈妈，你说了好多遍了。""可是，宇宙真是太神秘了。"我像个幼儿园小朋友一样感叹。

这几天晚上，只要我有空，就把遥控器握在手里，执着地收看央视十套的《秘境追踪》。丈夫颇为好奇，你怎么迷上了这个？是啊，一个相夫教子的中年妇女，一个中学时物理考得一塌糊涂的人，居然开始谈论爱因斯坦的相对论、超光速、时空隧道。但是，我终于承认，科学原来是有趣的，譬如一个平面三角形的内角和为180°，但是立体的就可能大于或小于180°了。宁波和美国虽隔海远得没法相望，但是若把这球面折起来，打个地洞就很近了。《西游记》里说"天上一天，地上一年"，以前认为那是吴承恩有想象天赋。但是科学果然证明，如果人能以光速或者超光速在茫茫宇宙中旅行，真的会比待在地球年少。电视上动漫演示真是有趣得很，如果读中学时让我看到这些，或者提供点UFO的资料，估计我的理科成绩会好很多。但是，我那时只背公式、记定律，对那些没有生命迹象的符号、数字深恶痛绝。唯一记得的是，当我骑车下坡时会小心一些，知道加速度没准会使我成为"守株待兔"的那只兔子。

一个人四十岁了才开始喜欢太空物理，似乎属于"聊发少年狂"了。这不但有点晚，而且颇为可笑，功底浅到近"文盲"，杜绝成才的可能了。但这并不妨碍我日益增加的兴趣，而且我对自己的这种兴趣也产生了兴趣。按照心理学家的观点,这行为背后肯定有一些情结。我也试图分析过,我不止一次问我女儿,我这是怎么了,怎么迷上看这个?她已进入青春期,标志是开始追星,她迷谢霆锋。那么我的入迷是因为什么呢?或许是因为我终于等到这一天了,有权利选择自己喜欢的学科,就是一种兴趣,一种纯粹的好奇心,就是恨不得把地球翻个底朝天的冲动,这本来应该是一个儿童的天赋或者特质,但大多数人基本被接踵而至的升学就业、成家立业给湮没了。但种子终究是打算发芽的,就像一名理科生成了小有成就的作家,一个文科毕业的倒在证券公司如鱼得水,一个中学英语考不及格的与老美做起了外贸生意,那些退休的老头老太一下子挤爆老年大学的门槛。一切不合情理,一切又水到渠成。

归根到底,科学再发达,在我有生之年,也不知道这宇宙外面是什么。也许还有超级智慧生物在地球外、太阳系外、银河系外,甚至宇宙外看着我?就像我怜悯地俯身去看一只蚂蚁、一条鱼儿,看到它们的快乐与挣扎。我看到它的世界,而它不知我的世界。

呵呵,这一点真是不公平,所以说,世界也真的非常奇妙。

（刊于 2009 年 2 月 10 日《宁波晚报》）

小白再见

前年下半年开始,家里先后养过三只小兔,两只死了,剩下一只一直养到去年上半年。因为它全身雪白,女儿不假思索地叫它"小白",顺便也让它姓自己的姓,因卖主说它是雄兔,言下之意只能认作"弟弟"了,于是这只小兔,有个全名叫"王小白"。

说实在的,像我们这种单元房是很不宜养小动物的。但一个城里的独生子女,表面上享受着百依百顺的权利,但她若想让父母给她一个弟弟或妹妹,这是没法办到的;她希望养一群猫狗鸡鸭,那答案基本和前者一样。但是,在客厅放一只鸟笼,里面养一只比小白鼠大不了多少的小兔子,似乎是可以商量的。

这只叫"王小白"的兔子确实给孩子带来了快乐。每天上学,女儿都会和它说再见。放学回家,一放下书包,她总是先到兔笼前报到,甚至会把自己的作文读给它听。傍晚,女儿把兔子带到楼下草地玩,总能招来一帮孩子,当然这些孩子也有自己的"宝",譬如小鸟、小鸡、小乌龟,一时热闹非凡。哎,这些住在钢筋水泥建筑里的孩子也够可怜见的。

小白住的是鸟笼,并不意味着它总和小鸟一样小巧玲珑。它长得很快,后来,在鸟笼里没法伸懒腰了,拉的排泄物也越来越多。天气开始热起来后,家里异味扑鼻,我们开始讨论小白何去何从,但都在女儿的汪汪泪眼下让步。有次,女儿的手被小白的爪子抓出一道血痕,医生建议打防疫针,终令我们痛下决心,把小白放生。

由于已经养了大半年,大人孩子对小白都有了感情,放生这个难题就推给了孩子她爸。那天,孩子他爸把兔子放进了纸袋,那兔子似乎也有灵性,一直伸长着头,眼睛滴溜溜地瞅着我们。女儿已经泪流满面,说了句:"小白,再见……"依在我身边痛哭失声,一时,我们也红了眼圈,心情复杂。

那边,孩子他爸把小白带到郊区的田野,放下它,但它一直在主人的脚边徘徊,不肯走开。知道家养的兔子没有野外生存能力,他不忍心,又带了它送到花鸟市场的卖主那儿,恳请他收养。卖主大概没遇到过这情形,有点不知所措。边上有人说,简单啊,杀了吃掉。孩子他爸知道在女儿那里没法交代,便欲离开。有个过路的老人说,有寺院专来买小动物去放生积德,他可以转交。孩子他爸这才依依不舍地回来了。

这边,我绞尽脑汁做女儿的思想工作。我将心比心地说,兔子住这么小的笼子,它没有伙伴,不能奔跑,它肯定不快乐,你整天被关在家里也会很难受啊!女儿说,可是它快乐了,我不快乐。我说,我们不能把快乐建立在它的痛苦之上吧。女儿说,它在外面会饿死的。我说,但至少它回到大自然,开心过了。当然这话似乎有些"及时行乐"的嫌疑。我又补充说,如果它死了,它到了天堂,就会见到以前的那两只小兔子了。这话够唯心的了。在女儿的抽泣声里,我手足无措,只好搬出了最童话的情节。我说,小白会找到一只母兔,会结婚,会生下好几只小小白,它们一家在森林里过着快乐的生活。女儿不信又宁愿相信的神情令我充满了无助感,心里满是"早知今日,何必当初"的感慨,发誓今后再也不要养小动物了。

我注意到这个十岁的小姑娘,她把小白的照片放在自己的枕头底下,她在自己雪白的蚊帐上画了几只小兔子,这样,每晚躺在床上就可以看到它们了。前两天,在饭店吃饭,服务员端来一盘土豆兔肉,女儿得知后很快放下筷子走开了,而且再也不肯回来吃饭,我才意识到,她还没有忘记。当然,我希望她将来也不要忘记,她的童年曾经和小动物怎样地亲如兄弟姐妹。

(刊于 2008 年 7 月 22 日《宁波晚报》)

人蚊之战

取名人蚊之战，实在抬举了它。蚊子算什么呀？再小不过的虫子；人类是什么？万物之灵啊！但是在这场"战争"中，人类从来没有痛快地宣告过胜利。

每逢夏天来了，蚊子也就来了。或者说，蚊子来了，夏天还会远吗？小时候，住在乡村，虽然有可恶的蚊子，但是更有萤火虫。在夏夜里，那是多么美妙的景象！如今，住在钢筋水泥的城市，我没法与女儿共享"轻罗小扇扑流萤"的快乐，却要一起承担被蚊子骚扰的郁闷。

你到超市去看，夏天一到，很大一块场地都放着用来对付这小小蚊子的"武器"。驱蚊花露水、盘式蚊香、液体蚊香、电蚊拍、杀虫剂、驱蚊灯等。有的包装上还写着吓人的话，什么"蚊虫杀杀杀""蚊虫死光光"，可惜蚊子不识字，这恐吓并不能起到任何震慑作用，充其量只能给人类壮壮胆。

蚊子是真厉害，房间里只要有一只蚊子，你就没法睡安稳；只要给蚊子咬出一个包，你就会"自我伤害"，非得把自己的皮肤挠出血来才痛快，全然"敌我不分"。有时耐不住怒火，打开灯，四下里警惕地寻找，准备"决一死战"。但是你发现敌人极其狡猾，它常躲在阴影里，有次甚至发现它停在女儿的头发上，我气极而笑：是不是要效仿"早有蜻蜓立上头"啊？

盘式蚊香便宜，很厚一盘，好像放大镜下蜘蛛精的盘丝洞。我用过多次，虔诚地用打火机点上，袅袅蚊烟，寄托着我无限的希望。为了追求效果，我把门窗都关上，人和蚊子一起关在房内"憋气功"。一般情况下，蚊子会音讯皆无，当然我差不多也给熏得憋过气去。不过有的蚊子功力非凡，它会顽强地挺过来，在你沉睡时，它又"嗡嗡"地来到你身边，扑闪着翅膀如轰炸机般掠过你的脸颊，真是夜半惊魂啊。

我想念小时候的蒲扇，蚊子"嗡嗡"一来，一把大蒲扇过去，虽然不能置之于死地，但是起码可以让它翻好几个跟头，得个脑震荡什么的吧？但是现在只能与之肉搏了。"闻其声"，悄悄攥足了劲，手以"迅雷不及掩耳"之势挥过去,有时打在手臂上,有时"请"自己吃了一记耳光,有时扑了个空。这落空的感觉实在不好。如果手里有感觉了,真是解了心头恨,摊开手,够恶心的,还得去洗手,可惜这冲洗掉的一小摊血也混有自己的血。按《围城》里赵辛楣的意思,这近似于自杀行为。所以,这胜利的感觉最后成了讪讪之意。

液体蚊香价格贵,味道不冲,似有若无,使用方便,但到底有化学成分。没买过电蚊拍,我不能想象拿着这球拍似的东西,不在球场打球,却左右开弓地在房间里对付蚊子,有点滑稽。驱蚊花露水么,喷了手和腿,但总不能喷脸,所以若脸上出现个包,多少会影响"观瞻",权衡之下,我倒情愿请它享用大腿。

似乎有些技穷了。前几天逛超市,女儿建议说,你们也用蚊帐吧?孩子娇嫩,闻化学气体不好,她在早几年就用蚊帐了。我是嫌蚊帐安装麻烦,装着更碍事。现在没法子了,就买回来试试,权当回归传统吧,这也是眼下时尚之事。我看对面楼的不少房间都支起了蚊帐,就像一个个从天而降的降落伞,算得上是人蚊之战中的"空降部队"。

现在的蚊帐颇为漂亮,花边垂幔,表面上一片"歌舞升平"的样子,而实质戒备森严,各个出入口都装有纵横交错的拉链,全然一副严阵以待的架势。蚊子,从此你我就隔帐相望吧,嘿嘿。军事家祖师爷孙武说过:"不可胜者,守也。""故能自保而全胜也。"

(刊于2009年6月25日《宁波晚报》)

萤火虫

"你见过萤火虫吗?"我从报纸里抬起头问女儿。报纸上说有个小学生因为暑假作业要写萤火虫,于是让爸爸妈妈陪同去寻找,还到爷爷奶奶、外公外婆的老家去找,可是一无所获,于是很有责任心的父母打电话给报社寻求线索。

"我没见过,不过也没什么好看的吧?"女儿正盯着电脑,淡淡地回应了一句。"哪里哦,很好看的,我们小时候见过的,在夏天的晚上……"

是的,在夏天的晚上,吃过晚饭,一家人坐在屋后的平地上,坐的是竹椅子,很凉快;身前放的是小木桌,桌上放着切好的一块块西瓜,家人有一搭没一搭地聊着天。我手里拿着一个玻璃瓶玩,里面装着几只萤火虫,散发着通透的光亮。周围都是农田,暗蓝色的天际,星星闪烁;不远处,萤火虫三三两两地跃动着,不比天上的星星少,却比天上的流星灵动有趣,时不时飞过来,在我们身边绕圈子。

那时不知道什么叫"浪漫",而现在回想起来,这样的画面足以称得上"唯美"了。我承认,也许每个人都有这样的毛病,回忆往事时,总是喜欢过滤掉一些杂质,剩下的全是美好的回忆。

一个同事和我女儿聊天,感叹道:"你们现在真是幸福啊,暑假里舒舒服服的,不用晒太阳!我们那时候还要下田头,割稻种田……"可是说着说着,这位同事就说起他们小时候爬树捉知了、翻墙头偷摘桃子、下溪坑捉鱼虾:"有一次捉到的鱼有这么多!"同事很兴奋地比画给我女儿看。"你们那时真有趣啊!"女儿听得一脸神往。我看到同事的表情一下子有点发蒙,我暗笑,估计他也犯迷糊,本打算"忆苦思甜"的,不知怎的,这么快就偏离了方向。

所以,有时我会为女儿这一代人遗憾,将来他们回忆起童年,有什么可以提及的?做作业?上辅导班?上网聊天打游戏?看电视?这些会成为他们成年后对童年的美好回忆吗?连我都不能相信这是值得回忆的事情。当然,我还是愿意相信,在这些枯燥单调的背后,总有一些东西藏在他们心灵深处,到了成年,慢慢浮出记忆的水面。任何一个乏善可陈的童年,都能挖掘得出一些素材吧?

当然,为了使"素材"多一些,我尽可能给孩子提供机会。这次暑假去北京大学培训,我干脆把女儿也带上,让她感觉一下名校氛围。在教室里,女儿和另一个学员的孩子坐在一起跟着我们听课,我转脸看去,他们先是一本正经地听课,继而发呆,过后偷偷拿出手机玩游戏,两眼放光。我这才意识到,他们并不领情,他们对这个美丽的校园并没有更多的惊叹。也许世界还是很美,但孩子们眼里的诱惑实在太多,他们已没有闲心去留心周围的一切。

但细想起来,也不怪孩子们,我们成年人也差不多,一刻都不肯消停。每次坐飞机,几乎所有的人都是在飞机即将起飞之际,才依依不舍地关了手机;飞机刚落地,广播里还在提醒不要开机,而手机开机的铃声已经此起彼伏了。其实大多数人并没有什么要紧的事急着要处理,可是我们就是急不可待,根本就是"机"不可待。而我也经常在飞机飞行时,还会莫名其妙有种冲动,想去打开手机看一下,仿佛手机不亮,心也很不安定。

说起来,我们现在真的是日理万"机",手机、电视机、MP4、iPad,诸如此类。我们的耳边充斥了太多声音,我们的双手一刻都不肯停歇。在咖啡店吃饭,我经常看到,一对情侣面对面坐着,低着头各玩各的手机;而我们一家三口也好不到哪里去,难得聚在一起吃饭,我可能会翻看杂志,他们父女俩可能各玩各的手机,看新闻、打游戏。

我不得不承认,我们的心灵已经被"架空"了,被那些电子设备、网络世界架空了,那些虚拟网络有着超乎寻常的吸引力,把我们的心神都分割了去。如果没有手机、没有电视、没有网络,不知道有多少人立马陷入心神不宁之中?

你见过萤火虫吗?如果萤火虫在你的窗外翻飞,你是否愿意停下手头的不管什么"机",去迎接这夏夜的精灵?你是否意识到,也许现在的我们,既找不到萤火虫,也失去了和萤火虫相处的那份闲情逸致。

当然,萤火虫也是可遇不可求的了。前几天看到报纸说,某地本打算在七夕节那天放飞上万只萤火虫,后迫于舆论压力改变计划。人们的抗议是对的,想想这上万只萤火虫被关在封闭环境里,长途跋涉运输过来,再一放出来,必然会惊慌失措地四下乱飞,哪来的浪漫,只会吓跑人吧?也有网友曾在南京紫金山夜拍出萤火虫飞舞的美景,但是从保护萤火虫的角度出发,并没有透露具体的地址。

科学家说,萤火虫是环境指标生物,对环境要求很高。假如我们越来越懂得珍惜,也许有一天,萤火虫这夏夜的精灵,能够重返我们的生活。希望那时我们拥有一份恬淡悠闲的心境,共度这美妙的夜晚,"银烛秋光冷画屏,轻罗小扇扑流萤。天阶夜色凉如水,卧看牵牛织女星"。

（刊于 2012 年 8 月 30 日《宁波晚报》）

兔子传奇

今年是兔年,有必要为我家的兔子作个传,因为它在我家已经三年了。

大家听到这个消息,一般的反应是:"那它一定很大了吧?"可惜它不是老虎,它就是只兔子,类似它的尾巴——"长不了"。另一种反应很直接:"养得可以吃了吧?"可惜它不是猪,不必遭遇农村过年挨宰的风俗。假如我女儿听到这话,她看向对方的眼光就是——"我先吃了你"!也难怪,养了三年,不是一般的感情,可以说是朝夕相处。是真的"朝夕"相处,因为她平日里要上学,只有早晚可以和兔子相处一会儿。

我们把这只兔子叫做"小灰",这是"开门见山"的叫法,反正白的叫小白,灰的叫小灰。小灰的毛色灰白相间,它的眼睛四周围了一圈灰毛,这使得它的眼睛一下子被强调了出来,具有浓重眼影的效果。我这人一般愿意低调,但是介绍小灰时,我经常口干舌燥地夸它漂亮。的确,兔子有一点特值得我们学习,三年时间,就洗了两次澡,可现在它还是白的白,灰的灰,把自己收拾得干干净净。

前些年,我们养过不止一只兔子,但结果是,只有小灰顽强地在这钢筋水泥的城市里生存了下来,它的生存能力简直到了让我们瞠目结舌的地步。它是个大胃王,似乎永远吃不饱,看见有吃的,简直是猛扑上去,似乎跟食物"有仇"似的。所以,女儿吃什么,总也忍不住喂它一点。开始时我们吓唬孩子,说它会吃坏的。但是它既然吃了没事,也就这么吃下去了。米饭、面包、蛋糕、面条、苹果、橘子……甚至连垫在脚下的报纸,它都津津有味地吃了下去,按说我们也没饿着它呀。有次,女儿还喂它吃了点巧克力,结果它提了神,兴奋地蹦了好久。真是罪过!

兔子虽小,但养起来也够烦的。我家兔子最大的本事就是"越狱"。于它而言,自由比什么都重要!经过摸索,它发现兔笼的门可以用嘴顶开,然后就可以跑出来。而且它和猫一样,爱爬上跳下,到处找吃的。有一次它跑到女儿的床上,拉了一堆尿屎。当我下班回家,得知不仅要做家务,还得换洗被单被套,你该知道我有多恼火!后来我们用绳子绑住了笼门，可惜小灰这三瓣嘴，照样能把绳子解开或者咬断"越狱"，好几次把我养的几盆花草剃头似的啃了个精光，只剩下枝干，简直让我崩溃。

有一次"越狱"之后，小灰竟爬到了阳台上装空调外机的位置，把我们吓得！从洞口没法抓住它，又不敢爬出窗去。这万一掉下去，第二天报纸也许会说，"女主人为救一只兔子，结果不幸'牺牲'"。这代价也太大了！我们急得团团转，怕它"跳楼"，简直感觉站到了人生的紧要关头，不，是"兔生关头"。后来终于急中生智，迅速出台了一个绝妙的营救方案：用绳子绑住一个收纳箱，里面放点吃的，小心吊下去，然后用扫把把它赶进箱子，在它专心于吃的时候，赶紧吊上来。

还有一次也很险。女儿带小灰到农村走亲戚，刚把它放在地上，结果边上出现一只大黄狗。这一刻真是有趣，因为双方都定格了片刻，呵呵，没有反应。连我们站在边上，都能读出双方的心理：惊奇、不知所措。但转瞬间，狗和兔子几乎同时撒腿就跑，当然是狗追兔逃！这时我们也才回过神来，在后面追赶并喝止大狗。呵呵，"警匪片"开始了！可是狗的好奇心实在太重，或者它们的祖宗前世有仇。总之，狗紧追不舍，眼看它的嘴都要碰到兔子尾巴了。这时，我们清晰地听到了小灰的一声尖叫，声音和老鼠的很像，"吱——"，这大概也是它有生以来发出的第一次叫声，可见恐惧之极。在这千钧一发之际，兔子一下子收住脚步，"紧急刹车"。结果大狗因为惯性，一下子冲过了头。等它转过身来，兔子已经迅速钻进了边上的杂物堆里，终于"狗口脱险"。这时我们想起"狡兔三窟"这个成语，意识到即使是宠物兔子，终究是有遗传基因的。

不过，养兔子的麻烦实在不少，要清扫、要喂食。有时我很郁闷，自己要养家糊口，这个"口"还包括兔子这三瓣嘴。可是，女儿不许我们放生。她振振有词地说，家养的兔子没有野外生存能力，遗弃宠物是不道德的。可怜我的道德水平还得由这兔子来决定，总之，"罪名"不小。所以，终是"湿手沾面粉——甩也甩不掉"了，只好这么养下来。有时我也感叹，如果养的是小狗，这三年下来，应该对我亲得不得了了。可惜它是只兔子，虽然它会跟在我脚边转来转去，但终究对我谈不上什么感情。后来，女儿又嚷着要养小狗，这下子我是绝不松口了，谁愿意重蹈覆辙，自讨苦吃呢?

但是把这只兔子养了三年,多少还是有点成就感的。我盘算着,这到了兔年,是不是该给它系个红绳子,意思一下?不过它不知道2011年是兔年。当然,如果我们不武断,我们该说,我们没法知道它知道不知道。这话很饶舌,但总之,我们和兔子生活在一个屋檐下,可惜我们很难走进对方的"内心"世界,当然女儿会从网上找出一些有关兔子心理学的知识,一本正经地告诉我:它围着我转,一是我手上有吃的,二是表示"求偶"。我啼笑皆非,这叫什么话?

宇宙奥秘无穷,动物世界也有无数的谜团,小狗、小猫、小兔子之类,算是住在都市森林的人们和动物世界之间仅剩的连接,想到这一点,我是不是应该对在我家生活了三年的小灰说——兔年快乐!

(刊于2011年2月17日《宁波晚报》)

校猫

这只猫也不知什么时候出现的，总之，我注意到它时，它俨然已经是学校的一份子了。热心的同事给这猫套上了漂亮的项圈，并且把食堂里的鱼骨头给它吃，然后，在众人的呵护下，它养得皮毛顺滑，体肥膘壮，也不怕人。

这猫常在校园里从容散步，还经常睡在汽车底下，有时甚至躺在路中央，颇有些大大咧咧的性格。有时熟悉它的人路过，会忍不住蹲下来和它说上两句，也许这正是它所期待的。

我印象最深的是，有次大年三十我到单位值班。这个时候的校园早没什么人了，人去楼空，安静到非常冷清。我走在校园里，这猫很快地蹿出来，在我脚边绕圈，喵喵直叫，兴奋的心情"溢于言表"。我受到这意外的"欢迎仪式"，心里温暖极了，仿佛有种回到家的感觉。

从那一刻起，我把这只猫视为学校的一部分，并称之为"校猫"。

现在，我若在校园里"邂逅"这只猫，很愿意和它打个"招呼"。而它也挺有趣，听到一声呼唤，先有一个伸懒腰的动作，很像"微臣叩见皇上"的姿势，然后"喵喵"两声，进而在你的脚边蹭来蹭去，很黏人。有次我去二楼开会，它出现了，我一高兴，叫了声"咪咪"，然后它就跟着我上了楼，在会议室的门口躺了下来，看这架势仿佛要等我开完会，吓得同事赶紧把它"请走"。当然，它到底是只"猫"。有次，我远远地看到这猫，叫唤它几声，它立马飞快地跑过来，可是跑了一段路又停下了，站在那里，"左顾右盼"，显得非常踌躇，仿佛经历着激烈的思想斗争，我再叫唤，它抬起脚，但结果还是朝右边走了，我颇为奇怪，过去一看，原来那边出现了另一只猫，正对它"暗送秋波"，我忍不住乐了。

这猫慢慢成了大家交往的桥梁。譬如在校园里相对走来，如果看到猫在优哉游哉地散步，我们会相视而笑，围绕猫的话题打个招呼："嘿，你看这猫介舒服！"如果有空闲，可能还会停下脚步聊上几句。不能否认，可爱的小猫小狗总会触动人们内心柔软的一面。

当然，绝大多数时候，我们按部就班地上班，做我们该做的事情。走在校园里，我们有时步履匆匆，心头焦虑，深感工作的压力；有时与同事边聊边走，谈笑风生，无暇他顾。有时这猫会出现在我们的视线里，但它仿佛也有自己的事情要做，在草丛里一闪就不见了。我们有我们的人生轨迹，猫也有它的"猫生"轨迹，有交叉的是，我们都把生活的绝大多数时间放在了学校。

可是，在一个整洁优美的校园里，我们的培养对象是学生而不是"猫生"。所以，这只校猫总归是寂寞的。我曾发现，它像一个进入战区的战士匍匐着前进，就因看到了前方不远处停着一只麻雀或者蝴蝶，甚至一片落叶飘来，它都要跃跃欲试地追逐上一阵。

再譬如，我们和门卫师傅平日里没什么交流，但是如果有一阵子没看到猫了，再看到门卫时，会忍不住问他们一下，总归他们常在校园里巡逻，信息比我们灵通些。估计门卫师傅也不知道他们还肩负"保卫"一只猫的责任。有次猫还真不见了，令大家颇为不安，知道这猫和人亲，外人要偷的话非常方便，但内心情愿相信是给爱猫的人抱去养了。可是，就在大家不抱希望的时候，这猫出现了。门卫师傅说，是在另一个校区发现的，估计是跟着哪个熟人去的，但又找不到回来的路了。

我承认，我只不过和它玩玩，对它并没有倾注多少心思下去。显然我女儿对这猫更好些，她到我们学校里的第一件事，就是去找这只猫，买了猫粮，拿来绳子逗它玩，她确信这猫需要玩伴。

有时，我看到孩子快乐的样子，难免感叹这孩子和猫一样的寂寞，在钢筋水泥的都市里，连小草小树都不能随心所欲地成长，它们总被修剪成整齐划一的样子。孩子们除了学习，没法像我们小时候一样，帮助家里饲养鸡鸭猪、下地捡稻穗。这些农活虽然有辛苦的一面，但是终究使生活得以丰富。所以也不难理解，为什么现在的小孩、大人都喜欢养狗养猫，甚至养小老鼠，也许它们是城市里所能允许的，最接近大自然的东西了罢。

当然，写这篇文章，我是很踌躇的，怕因此引起关注，曝光率一高，或者引起人们关于"学校里能不能养猫"的讨论，那么它可能就无藏身之地了。可是，偌大的校园里有一只猫，有什么妨碍吗？它偶尔的几声叫唤，也淹没在草丛里了。可是，也许多年后，我们对工作生活的回忆，还能包括这只可爱的猫？

（写于 2010 年 11 月 18 日）

在长春看"二人转"

前些天到吉林长春出差,晚饭后无事,几个同行者说不妨去看"东北二人转"。于是坐上出租车,和司机一说,他就把我们带去了"长春刘老根大舞台"。

我对"东北二人转"略知一二,是从赵本山开始的,不过他的节目已经改良成了小品,显然不是"二人转"真味。在东北坐车,司机都会播放"二人转"碟片,不过大家没什么兴趣,感觉那些节目插科打诨,甚至装疯卖傻,叫人不自在,倒常瞥见司机咧着嘴在笑。

"长春刘老根大舞台"是个小型剧场,门面很普通。售票处贴了说明,有30、50、100、150、200元等几种票价,演出时间是19:30到22:30。我们到时已开场十来分钟,只剩下150元一位的包厢票,只好"忍痛"买下。进去后一看,小包厢在场子的后角,里面有张小桌子,可以围坐六人,虽是"贵宾"待遇,但需侧着身看,挺累人,唯一的好处是可以俯视全场,一切尽收眼底。台下观众座前都有小桌子,上面摆着瓜子、水果等零食,大家一边吃一边看,倒有点像茶馆。场子里座无虚席,甚至过道边都坐了不少人,大都是一家三口,其乐融融,看来这里的观众主体不是来体验民情的游客。我们这几个宁波人显见是局外人,傻傻地坐在那里,看观众们笑得此起彼伏,愣是莫名其妙,既为他们乐而纳闷,也为自己没有乐而纳闷。

演出基本是这么个模式:一个男演员上台耍几句嘴皮子,唱几首歌,做点惊险动作什么的,然后引出女演员,两人插科打诨,然后正式开唱一段"二人转"。看多了会儿,慢慢觉出点意思来了。这些演员估计已经有了一批忠实"粉丝",彼此关系亲近。台下掌声小,演员会"撒娇"说:"今天就这么难演吗?"于是观众会心一笑,赶紧给掌声。观众迟到,进来找位置,演员就招呼说,"我的节目就等你呢,赶紧的"。时不时和台下聊上几句,或者从观众席上拿块西瓜、拿个香蕉,润润嗓子,彼此都挺乐呵的。演员都有点绝活,比如模仿明星唱歌,什么刘欢、杨坤,音神兼备,还不时拿这些明星开涮几句,大家听着直乐。显然,这里不是我们想象中的演出，也没有高高在上的演员，他们轻松随意，随机应变，不怕露怯，乐于自嘲，也爱调侃别人。旁边的乐师也不"端着"，表情很自然，节目出彩时，也一起乐，因为彼此熟悉，一脸"瞧这家伙"的神情。没什么好笑时，就交头接耳低声闲聊。

慢慢地，我们被这轻松氛围所感染，也加入了笑的行列，有时比其他观众还笑得起劲。亲朋好友坐着聊聊，喝喝茶说说话，看几个热闹分子家长里短地逗你开心，听听这原汁原味的"二人转"，除了是坐在剧场里，其他和在农村露天看演出没什么两样。本来就源自民间艺术，自然不摆"经典大片"的派头。没什么扣人心弦的情节，也不摆富丽堂皇的场景，更挖掘不出深刻的人生意义，一切都笑过算数，不留痕迹，小老百姓的生活里是没那么多高深内容的。

出了场，已经超过十点半了，路边停满了出租车，一时交通拥堵。司机说，长春有三个剧场，从不赠票，天天场场爆满，这魅力真大啊！虽然已不是纯粹的"二人转"了，但是从田间地头走到都市剧场，照样站稳了脚跟，焕发出生机，真是与时俱进的典范。

后来再在车里看"二人转"的碟片，我发现我们几个马上不由自主地笑咧了嘴，等着演员"抖包袱"。看来，这"东北二人转"得感受过现场氛围，才能培养出感情呢。

（刊于 2008 年 12 月 3 日《宁波晚报》）

一杯冰水到热水的距离

听说加拿大、美国入境手续是全世界最严格的,近年来尤其如此。我好友去加拿大,思乡心切的他带了咸鸭蛋,结果虽然英语流利,但仍被罚了100美金。别人也一再告诫,入境时要严肃对待,不能乱开玩笑,即使用中文也不行,对方也可能懂中文,搞不好会被拒绝入境。所以这次去加拿大、美国,我心里就颇为发怵。虽然我也学了多年英语,但基本属于"哑巴英语",经常一听对方说英语就先"晕"了,对方如要详细盘问,那我真的可能有口难辩。

在加拿大入境时,移民官是一个黑人妇女,人高马大,目光炯炯,看得我心里发慌,结果没说几句话,就卡壳了。对方等了会儿,沉着脸一挥手,叫我到后面有中文翻译的窗口,让我挺受打击的。

转机时,我发现加拿大空姐的英语带有明显的地方口音,和"灵桥牌普通话"有得一拼,愣是没听出几个单词。为了破解心理障碍,我鼓足勇气和邻座的金发美女搭讪。先从最简单的问话入手,问她现在几点,说自己刚从中国来,还没调整好手表时间,又问飞机上用餐是要付费的吗。对方解释说,国内航班不提供免费膳食,如果有需要,可以刷卡购买。然后我们就这样攀谈起来,我说自己英语不好,只能勉强说一点儿。她说她是个在美国工作的法国人,英语也不是她的母语,是她的第二语言,这次(好像)是和老板来签一个合同。即使她用很慢的速度、很简单的句子和我交流,我还是听得一知半解。但也装作很懂的样子,不住地微笑点头。而我说的英语,则以单词、词组为主,如果记录下来,语法上也是错误百出。我说话很少,声音也轻,也许她会认为我是怕羞内向的人,实际上我正满脑子拼凑句子呢。

这个法国美女很细心,怕我饿着,拿出一个拳头大小的糕点给我吃。我能吃出来这个点心里含有麦片、葡萄干、核桃肉之类的东西,但这些单词我都说不出,只好对她说了一声"很美味"!但其实这东西不知放了什么酱,味道很怪异,超难吃。她时不时微笑地看看我,搞得我连偷揣到兜里的机会都没有,只好装作倒时差,睡一会儿吃几口,睡一会儿吃几口,终于把这个东西全部咽了下去。对方看我痛苦的样子，以为我很累，还告诉我说，在外坐飞机很辛苦，要多睡多喝水。临下飞机前，我翻遍拎包，掏出一支青花瓷钢笔送给她，说自己英语不好，难以用语言表达我的感谢，就把这支笔送给她做个纪念。对方非常高兴，说要用这支笔去签合同，一定会成功，还一个劲儿地夸我英语说得很好。还说她一定会去中国，因为她有朋友在北京工作。真该感谢她的善解人意，极大地缓解了我初入异国的紧张情绪。

在温哥华，我遇到一个宁波老乡。她只学过初中三年英语，在我看来，她的发音、语法都大有问题，但她并不以为意，照样和老外聊天。所以我意识到，我的问题并不在于基础差，而是因为缺乏勇气、怕丢脸。被这位老乡的精神所鼓励，我也开始不怵说英语了，有时一着急，疑问句也常用陈述句来说，只是在末尾加了疑问的语气，但对方照样能领会。有说不出的单词，也不再费劲去想，而是换一种类似的内容，对方也能心领神会。

当然有时候还真一点都听不懂。譬如在喝咖啡时，店员说了一连串的英语，我一点也反应不过来，还是我的同伴听出几个数字"007"，才找到相关知识背景。原来这位店员对于中国的了解是来自最近看的"007系列"电影，其中有来自中国的演员，电影也有讲到上海的情节。朋友安慰说，其实不会说英语也没关系，譬如买东西讨价还价，让店家拿计算器来，啪啪啪摁个数字，然后自己拿过来一摆手，再啪啪啪摁个数字，几个来回就能成交了。

后来我发现一个窍门，和别人闲聊时，别让对方牵着鼻子走，要把说话主动权掌握在自己手里，这样说话心里有底，对方接的话也就大致能懂。呵呵，这时我就开始"课堂提问式"的谈话了，譬如"你去过中国吗""你觉得上海和香港有什么不一样"，层层深入下去，搞得对方忙于解答，我听得稀里糊涂的次数就大为减少，看上去交流也蛮像一回事了。如果再采取表扬的做法，譬如夸对方"You are so kind（你真是太好了）"，对方的热情立马高涨几分。当然，真诚的微笑和大方的态度永远是最通行无阻的交际语言。

　　我们从美国出境时，排在另一队的同行不知怎的入了检查官的"眼"，一招手叫来两个黑人警察，要把他带离通道，他赶紧向我求助，我也不知哪来的勇气，赶紧绕到检查官面前，要求随行。对方挥手叫我离开，但是我坚持，他倒也不以为忤。于是我跟着他们来到一台仪器旁边，看着两个警察将同行的所有物品打开检查，放在仪器下面照，并把他带进旁边的小屋子。气氛是有些紧张的，但因有了数次和老外交流的经验，这次我倒不紧张，觉得他们有他们的工作要求，也可以理解。当然也有一点着急，因为这时离登机时间很近了。

　　在他们走这些程序时，我就和旁边的检查官聊天，内心也是想缓解这种紧张气氛。我很主动地介绍自己的工作、我们这次来的目的。在愉快的交谈中，我也很直接地把心里的疑问提了出来：为何要检查他？检查官很幽默地说，这次是他，下次也许就是你和我，很正常。言下之意就是抽检的意思。我也就放下心来，开始我"课堂提问式"的谈话，问他是否来过中国，知不知道宁波等诸如此类的寒暄。检查官谈得高兴，就很为我们着想，给那两个警察看我们登机牌上的时间，提醒他们加快速度。末了，还说欢迎我们再来，我自然也要表示欢迎他来中国，所以最后大家一团和气地道别。

　　后来我回想起来，检查官曾问我，这个男的是不是我的丈夫，我一时忘了"同行"这个单词，就说我们在一个系统工作，又说了一句"We are partners（我们是伙伴）"。后来我才意识到，这句话也可以解释为：我们是同伙！呵呵，感谢检查官并没有把我扣下。这也使我意识到，原来，语言交流的基础，并不在于语句的流畅，而在于彼此的接触了解。就像我递给加拿大空姐一个保温杯，虽然他们习惯喝冰水，但随着他们接触到越来越多的中国人，了解也越来越深，所以不等我说话，空姐马上微笑着问："Hot water（热水）？"这种心领神会的感觉真好！

　　也许，我们和世界的距离，就是一杯冰水到热水的距离吧。

（刊于 2012 年 12 月 20 日《宁波晚报》）

记忆的力量

什么是记忆？百度里说，记忆代表着一个人对过去活动、感受、经验的印象累积。当然，你不能轻视累积的力量，换而言之，你不能轻视记忆的力量，这次出了一趟国，我感受尤其深刻。

在加拿大，每天当地时间凌晨四五点钟，我都会准时醒来，因为宁波这个时候大概是吃晚饭时间了。虽然我的身体到了加拿大，但我的肚子并没把加拿大时间放在眼里，它记住的还是北京时间。没法子，我只好和家人发短信，问他们晚上吃的什么。这一刻，我还真想念家里的红烧鲳鱼。

在飞机上，我的团友表示对加拿大的牛肉甚为向往，也不知谁给他推荐的，说是加拿大环境优美，养的牛羊也极为美味，所以牛排是一定要吃的。当然，到了加拿大，这个愿望并没有落空，但他的肠胃对加拿大牛肉并不很认同。过了两天，他承认牛排真的好吃，但他又苦笑着来了个转折，"唉，这里的牛肉太补了，吃得有点头晕"。我们听得哈哈大笑，结果他这"头晕病"成为一路上大伙儿取笑的话题。

也许是为了不头晕，大家早做了充分准备。宁波人就是"咸骆驼"，每次吃饭，总有人变戏法似的从包里拿出榨菜、咸菜、苔菜花生米，甚至拿出一包汤料，让店家泡一碗热气腾腾的紫菜虾皮汤来。我们还发明了就着榨菜咬面包，或者把咸菜、榨菜夹在汉堡里的吃法，你不得不承认这是中西合璧的好创举。我们总说，出国可以"开眼界"，但看来出国不一定能"开胃口"，宁波话讲"乐胃"，这"乐"的好像还是家乡菜啊！

这次团友要好的朋友在温哥华，想着带什么见面礼呢？结果他带了一箱慈城年糕和一箱咸菜，你想想，一箱哎！真是情重礼也"重"。搞得我一路上提心吊胆，生怕被海关扣了，英语又讲不利索，自己都不知道"年糕"的英语怎么说，到时怎么跟人家解释啊，不过亏得顺利出关了。这一箱年糕估计可以吃过年了，或者搞个"咸菜年糕汤同乡会"都不成问题。虽然也有当地人打击说，加拿大超市有宁波年糕卖，但是我们强调这个更正宗，味道不一样，"真正慈城年糕哦"，估计对方接到这个礼物，不但眼泪水"哒哒滴",口水也"哒哒滴"了吧?

我一直以为我们宁波人特恋家,什么"走遍天下,不及宁波江厦",结果发现,对于这一点,其实哪方的人都差不多。我们经过的每个城市都有唐人街,这街比中国还中国,且以粤式餐厅居多。走在唐人街上,你一定会产生恍惚感,你不但不觉得这是踏足在异国土地,你还觉得是回到了多年前的中国,类似二三十年前的广州或者香港,也很像港台电影里的场景。

在唐人街的超市里,来来往往的都是华人面孔,自然收银员也是。只有当他们的普通话说得很蹩脚时,你才会意识到,对方可能是在这里出生的华人。货架上真的是什么都有,而且全是国内的东西,溜达一圈之后,大概对他们的生活就一点都不担心了。

仔细一想,这项工程真是非常浩大。他们不仅让自个儿移民了,还把菜场搬来了,把超市搬来了,把每天吃的饭菜调料搬来了,真是连整条街都搬来了。如果他们没有太多交际,他们可以天天和家乡人聚在一起,吃着家乡菜,说着家乡话。本来我对移民有种传统意义上的同情,以为总有点"背井离乡"的酸楚,现在看来真是有点多情了。呵呵,他们虽然离了乡,但他们还真的把"井"背来了,让自己的舌头、自己的胃毫无离乡之感。在唐人街的馆子里,经常可以看到好几桌好几桌的人在开同乡会,在乡里乡亲的聚会里,在无比熟悉的饭菜香气里,游子的心也没了"游荡"的感觉。

在美国洛杉矶,我们去的早餐店叫"永和豆浆",真是连店名都不生疏,而店堂的布置很像我们早些年的邻家小店,倒显得我们这里的"永和豆浆"洋气很多。就着豆浆吃油条,味道真不是一般的好。这家店生意也好,在这店里吃饭,人声鼎沸,基本都是华人,讲着带有口音的普通话,你根本不会意识到这是在美国。如果一定要说和在国内有所不同的话,那就是这里菜的分量大。我们经常说东北菜量大,但和在美国、加拿大的菜量相比,还是小菜一碟,一盆菜量可以抵我们宁波菜量的三倍。也许是思乡之情膨胀的缘故,也许是唯一入乡随俗的体现。因为看到老美吃的牛排、汉堡之大,你才知道为何我们到了这里,全成了"小号"人物。

在洛杉矶陪同我们的是一位美籍华裔,在美国待了二十多年的香港人,结果他的车里放的音乐是《中国好声音》里的歌曲,谈起这个比赛,他如数家珍,分析各个评委和选手的特点,他说他喜欢刘欢、吉克隽逸。说真的,我们都没他看得齐全和仔细,一时接应不上,还得相互补充提示,倒显得他来自"亲汤火热"的浙江,我们都变成旅居海外多年的华侨了。这真让我对"移民"这个概念有点"刮目相看",看来"移民"只是移动了一个"人名",只是身体移到了国外,而身体的一切,他的耳朵、舌头、肠胃等,无一不眷恋着故乡,这记忆能把祖国的"声音"都移过来,保持同步,力量真大!

记得在人潮涌动的洛杉矶,我刚开腔说,"阿拉——",结果前面一个人惊喜地回过头来:"糯(你)也是宁波人?"我只好像小学生写作文似的,来个呼应主题,不得不感叹一下:记忆的力量真大啊,能帮助你在人声鼎沸中,立马甄别出来自家乡的声音!

(刊于2013年3月6日《宁波晚报》)

普罗旺斯的乡村生活

国庆节假日,女儿的日程排得满满的,赶写作业、约会同学、参加社团活动,总的结论就是拒绝出门旅游。看我"抗议",她就从自己的书架里抽出一本书,说我肯定喜欢读的。结果,大家忙着"上山下乡"地度假,我则在英国作家彼得·梅尔写的《普罗旺斯的一年》一书里"过节"。

1987年,曾任纽约国际大广告公司高级主管的英国作家彼得·梅尔,在法国普罗旺斯买下了一栋有两百年历史的老房子,夫妇俩过起了普罗旺斯的乡村生活。1990年,《普罗旺斯的一年》一书出版,在全球掀起了一股追求质感生活的风尚。

普罗旺斯的质感生活是怎样的?

环境是如此幽静恬淡。"在日暮时分,带着两只爱犬散步回家,我总是会在山上停下脚步,望望山谷里的炊烟,那袅袅绕绕的一缕缕,如同飘带一般升起,又弥漫在博尼约村的山径上。""三十多棵樱桃树,从路边遥望过来,屋舍仿佛浮在一片粉白荡漾的海面上。"

当地人是如此爱着美食,"在普罗旺斯,美食家比比皆是","普罗旺斯人什么事都可以耽误,唯独午餐不会延误分秒",每天可以在餐桌上消磨三个小时。地板清洁工每到中午时分,就会换下工装,去附近的一家餐厅消磨上两个小时,还会在休年假时造访法国最昂贵的五六家餐厅。义务献血后,除了可以享用咖啡、面包、蛋卷,年轻的男护士还忙着拔红葡萄酒瓶塞,让大家多喝点儿美酒。

即使卖肉也大有乐趣。"就拿肉店老板来说,他不甘心只是卖肉给你,还要长篇大论地指导一番,怎么烧制,怎么选餐具,怎么搭配食物与饮料,全然不顾后面的人排成了长队。""一边磨刀,一边自夸:站在你们眼前的,可是全省最权威的肉汤烹饪高手。"

人们是如此热情。"邻居这个概念在乡下远比在都市显得重要。你如果住在伦敦或纽约的公寓里,即使与一墙之隔的邻居相距不到六英尺,也可能一年都说不上一两句话,在乡间,最近的邻居也远在几百码之外,却是你生活的一部分。"(注:1英尺约等于0.3048米;1码约等于

0.9144米。)普罗旺斯人即使手里拿了东西,正在开车或骑车,见了熟人总要停下,而且一定要设法握握手,实在不行,伸出小手指勾一勾也好。男人们见面还会相互亲吻、搂肩膀、拍后背、捶肚子、拧拧脸蛋。如果遇到个普罗旺斯老友,你可能会被熊抱得满身起淤青。

生活可以过得如此慢悠悠。"时间在普罗旺斯是个极富弹性的商品,'马上'可能指的是今天某个不确定的时间,'明天'则指本周说不定的某一天,'半个月'可能是三周,也可能是两个月,甚至是明年,反正不会是十五天。"

在这个地方,生活的某些方面被无限放大,譬如美食、聊天、乐趣;生活的某些方面不再锱铢必较,譬如工作任务、赚更多的钱。这里的生活是讲究慢慢品味的,作者发现自己也被同化了,"几成园中一棵无所欲求心满意足的蔬菜"。

在这本书里,还有一些细节让我大觉有趣:"车辆只要在集市附近停留五分钟以上,广告人就会将各式广告单压在雨刷下。"好吧,我们也常遭遇这样的"被广告";"法国主妇会捏捏茄子,嗅嗅西红柿,两指一夹折断扁豆,这里那里尝尝奶酪和橄榄",谁说我们中国家庭主妇买菜挑剔,法国人也半斤八两嘛;为了防止宿营者闯入,农夫加固了围栏,还插上一块牌子,上写"私人禁地",下附警示语:"小心!有蝮蛇!"这和我们在瓜地边看到的"喷洒农药,小心中毒"有得一比,可谓"出此下策,实属无奈"。

这样世俗有趣的普罗旺斯生活,在作者看来,唯有一个大烦恼,就是,"你若是知道有多少人将普罗旺斯纳入旅行线路,定会吃惊不小"。他在英国的朋友,甚至只有一面之交的,都会来电打算"到此一游",他们两夫妻每次都会你推我我推你,不肯去接电话,可惜什么措辞都无法抵挡对方的热切向往,一句"别担心,我有你家的地址,会找到你的",就预示宁静生活即将打破。

当然老友来自然是开心的。作者讲了一桩趣事,他的一个"马大哈"朋友来普罗旺斯,在机场租了一辆敞篷车开上高速公路,他把抽完的雪茄往窗外一丢,不一会儿,发现很多过往的司机都向他挥手打招呼,他还微笑着挥手还礼,心想这些法国人如此多礼友善,不久,"马大哈"终于发现了真相——原来是车子后部起火了,罪魁祸首就是他丢出去的烟头。他还相当镇定,将车靠边停下,站在前座上朝火源撒了一泡尿。自然,这个"马大哈"的光临,给作者带来了很多快乐。

来旅游的人多了,自然会对普罗旺斯造成影响,这一点当地住户是最有发言权的。"观光客穿街过巷找寻乐趣,探头探脑地往人家屋子里张望,在教堂前摆姿势留影。""从巴黎来的傲慢女人,她们穿着迪奥休闲服,牵着容易受惊的小狗。""观光客给这个地方带来了财富,外来购房户为当地提供就业机会,但把房价提高了,还有哪个农民买得起房子?"

想必这在全世界都是个两难问题,旅游业发达带来财富,但乡村的宁静正被打破,其中,有多少人欢迎这样的改变,又有多少人烦恼自己的生活被"窥探"? 如果我们设身处地想一想的话,也许会对被打扰的村民多一些歉意和感谢。

在我看来,《普罗旺斯的一年》不是一本让你对普罗旺斯心驰神往的书,更不是一本让你对普罗旺斯肃然起敬的书,其中所描述的,唯有增加你的亲切感、引起你一种似曾相识的记忆。"采菊东篱下,悠然见南山",古今中外的人们,尤其在经历过紧张和压力的城市生活之后,当面对那种淳朴、恬淡、热情的乡村生活,大都没有抵抗的能力。即使一时没机会去普罗旺斯旅游,在假日里读读这本书也是蛮好的。

（刊于 2011 年 10 月 30 日《宁波晚报》）

去公园跳舞

我们家门口的公园其实才建好一年吧,某个夜晚我散步过去,才发现公园里小广场上,交谊舞、儿童轮滑、广场舞等都在火热进行中,人气很旺。

这里的广场舞已经颇具规模,超过百人,加上旁边看热闹的,把一方空地挤得满满当当。录音机放在一辆小推车上,电线是从很远的地方拉过来的,没有很好的音响条件,只有路灯照耀,但这并不妨碍现场热闹的效果。

打头阵的自然是领舞的。她的形体就是最好的广告,看上去年纪不算轻,但体态轻盈,动作优雅,令人深感舞蹈之优美迷人。后来才知她已是做外婆的人了,令人咋舌。第一排应该属于"优秀学员",颇得老师真传。再往后,跳舞水平基本就是随着排次的增加而迅速下降。自然,最后一排多是属于初来乍到,连模仿都谈不上,基本就是跟着比画比画。

如果说"乌合之众"算一个中性词的话,那么这支队伍就是。年龄差异大,老中青的都有,当然,以老年妇女居多,也有个别老头儿,我还看到一个年轻爸爸夹杂其中,跳得有模有样。大家衣着打扮不一,有穿睡衣睡裤、运动套装的,也有穿舞衣舞裤正规行头的;估计社会各行业的都有,教师、保姆、公务员、家庭妇女等;有身材窈窕的,也有体态臃肿的;有青春洋溢的,也有白发苍苍的。我看旁边建筑工地的民工家属也加入了进来,真是一个欢乐"舞家族"!

我被这种现场气氛吸引,也加入了这个行列。很自然地,我站在最后一排,而且是最角落里,巴不得是阴暗角落,希望不引人瞩目。我从来没有在大庭广众之下手舞足蹈的跳舞历史,一直就是内向内敛的书呆子一个。所以,你可以想象我当时是怎样地鼓足勇气,虽然只是手脚摆动几下,但自以为对我个人而言,具有划时代的革命意义。

这也是我第一次如此深入地观察这一群体,也可能是在考察我的未来晚年生活,我承认自己颇受触动乃至感动。可以想象,她们中的大多数,包括我自己,经过那么多年的磨砺,一颗心也许早就粗糙不堪。在菜场里和菜贩讨价还价、每天忙着烧饭洗衣、事业和婚姻的琐碎与辛苦、上有老下有小要照应,但是,在这一刻,当音乐声响起,大家是那么专注、那么投入,配合着音乐,翩然起舞,露出少女般娇柔的神情,令人怦然心动!这一个小时,也许就熨平了内心的很多疲倦和压力,身心柔软飘逸得像丝绸一般了吧?

当然,教舞和学舞的过程是蛮辛苦的。我们当老师的,都喜欢小班化教学和因材施教。广场上这上百人,水平参差不齐,基本没有舞蹈功底,晚上光线不好,又没有黑板、投影仪或者高高的站台,可以想象教学之难度! 教舞的那位,大家都尊称她"老师",那的确是很了不起的老师。她的腰上佩戴着小型扩音器,耳边带着小话筒,每一个动作先在第一排前示范,然后到三四排示范,再到七八排示范,有时还要照顾到各排的左侧、右侧。一个动作,她要示范个七八遍,有时大家不明白,还要把手法和步法分解开来教,再合并,再配合音乐。那真叫一个挥汗如雨啊!

老师个儿不高,夹杂在行列里,光线又不好,有时根本找不着人影。有人急得嚷嚷,学不会啊学不会。老师呵呵的笑声通过话筒传过来:"别急啊,你又不去比赛,又不去评奖,学不会的动动手脚,就当锻炼身体啊!"大家也随之会心地笑起来。这位教舞老师认真负责,学员们也全身心投入,还相互切磋。有时老师的话筒哑了,听不到口令声了,可是大家依然照着预定的节奏自觉地跳下去,并不停下来偷个懒。所以,即使是如此超大规模的班级,大家也基本能学个差不离儿,令我不胜感叹。

当然,我刚开始很有好奇心,但很快便感到窘迫乃至绝望。我发现这里几乎个个都能跟上音乐节奏,差不多就我一个在那里手忙脚乱,自以为是出够了洋相。场上遇到我的一位同事,她的水平已到领舞级别,一个劲地鼓励我、辅导我,说人家都学了大半年了,你这刚开始,已经不错了。但没有舞蹈基础,"功课"又落下太多,差距实在太大。我还曾在网上下载了视频,打算自学一下,结果发现照搬照抄也还是不会,我想起有个老师感叹学生英语学得差劲,说:"唉,叫他抄一下都会抄错。"呵呵,估计我也差不多是这种程度。

对于一个陌生的又觉无从下手的领域,我只想临阵脱逃。我曾听到一个大妈对旁边的人说："你看我初中都没毕业，这老师教得好啊，多清爽！我也学会了！"我听了这话真不甘心，也更受打击。我沮丧地对女儿说，唉，看来你老妈以后退休了，要想加入这些老年人行列，估计都不够格啊。"路漫漫其修远兮，吾将上下而求索"的勉励之词，原来一直要念叨到老年生活的。而事实上，我还是临阵脱逃了，好长时间没再去，晚上散步也绕过公园走。但后来，感觉工作得腰酸背疼了，经不得广场舞的热闹，于是我又跟在后面跳了。去了几次，终于学会了第一支舞，有点"依样画葫芦"的意思了，心中不胜欣慰。

某个晚上，我照例跟在队伍最后面跳，有个小个儿的大妈站在我前面，一边比画一边嘀嘀咕咕地说："这我跳不来的，咋学得会？""慢慢来嘛，动一动也好，就当锻炼身体啊！"旁边站着的估计是她老头子，很热切地给她打气。我心里一乐，好啊，我的"接班人"来了，估计我不用再垫底了！

这真是极其少见的公园大课堂，没有规章制度，没有课程表，没有上下课铃声，不安排作业，不点名签到，可老师是如此负责，学员是那么认真。当人们明白了学习的意义，享受到学习的成果后，一切就不再是负担！秋风初起，丹桂飘香。每晚一小时，在公园里翩翩起舞，"风乎舞雩，咏而归"，生活可以很美啊！

（刊于 2012 年 10 月 10 日《宁波晚报》）

又闻桂花香

前两天我还在奇怪，按说"八月桂花香"，怎么中秋都过了，桂花却还没动静呢。

9月27日早上，我之所以能清晰说出这个日期，是因为这天我一走进单位，桂花香气扑鼻而来。我忍不住深嗅一口气，抬头看人行道边的几棵桂花树，已是金黄满簇，遍布挤挤挨挨的小花儿。啊，桂花开了，心头一阵快乐，似乎要叫出声来，恨不得拉个行人来指给他看一下。是9月27日没错，2011年的这一天，桂花开始满城飘香。

这两年的秋天，印象最深的就是桂花香了。举目望去，仿佛桂树已然成了绿化的主角。小区里好多，马路边好多，单位里那几株更是有些年头了，枝繁叶茂的，长势特好。站在树下抬头看，花儿虽小，却因为多不胜数，"占地面积"显然超过了绿叶，难怪香气浓重。

虽然桂花年年开，但人们总是被弥漫的桂香弄得无端的开心。报纸上出现了桂花飘香的消息，这个写法也似乎不像记者的冷静笔调了，欣喜之情跃然纸上。人人都闻到了桂花香，人人都忍不住要说一下。

花香真的让人陶醉，心旷神怡。我发现友人的QQ签名立马就改成了"最爱的季节，满城尽是桂花香"。她在QQ上写道："二十年前在杭州读大学，印象最深的，就是秋天杭城无处不在的桂花香，毕业后，不知哪年开始，一到这个季节，宁波以及乡下也随处都能闻到这香味了，我仿佛丧失了时空感。"

丧失时空感。走在人行道上，我试着去体会这样的感觉，是恍惚的吧，是迷茫的吧，也是莫名愉悦的吧，但绝不是"年年岁岁花相似，岁岁年年人不同"的怅叹吧？桂香是大气的，不作兴有这样忧郁的质地。桂花香韵，真的会带人回去吗，就像一滴神奇药水，落在记忆的底片上，一切人物与事件，在花香里渐渐清晰起来。

细想起来，每一个季节，大自然都会慷慨地奉献一些惊人的美丽。冬天的梅花、春天的桃花、夏天的荷花，秋天自然是桂花。多数花儿或以色彩取胜，或以造型夺目，而桂花的美丽则以味道取胜，以弥漫全城之无所不在而占优。

这桂花也不似樱花。樱花会异常绚烂，开的同时就落英缤纷，犹如春天，转瞬即逝，让人无端感伤。在秋天这个丰收季节，大地从容不迫地呈现着错落有致的金黄色，桂花暗香也是如此地悠然绵长，层层推进，从铺天盖地到似有若无，可以陪伴你好多天，一直把你送到初冬的入口。即使如此，人们还是会不舍地挽留。在大年初一的早上，桂花花瓣经常会带着一丝甜味，在一碗汤团里与你相见。

桂树更是种很普通的树，在路边生长着，一般不会引起你的注意。叶子没有什么特别的，譬如像荷叶那么宽大；树干没有什么特别的，譬如像白桦树那么笔直；果实没有什么特别的，譬如像椰子那么坚硬。如果有一天你终于注意到它，那么必然就是它的花香。它的出现也不带有什么预兆，你都没留心到它何时出现的花蕾，但是一宿过去，就是满树的金黄，四处弥漫着花香。桂树虽然长相平凡，但大自然依然赋予它夺目的美丽。秋天这段日子，仿佛就专属于桂花，这是它的世界，整座城市就是它的世界，它以独特的韵味沁入每个人的心田。

前几天，我的一个初中同学邀我们去他那里吃饭，算是庆祝酒宴吧，他厂里的五层厂房竣工了。二十多年前，我们上了大学，他高中毕业后就开始创业，当我们在大学寝室里悠闲地看书、听音乐、聊天的时候，他奔波在广漠的北方，为生计而忙碌。而今，他拥有了相当不错的公司，产品打开了欧洲市场，即使在金融风暴的大环境下，因为他的诚信与质量，生意反而更好了。

在写了一大段关于桂花的文字之后，话题一转谈到我的这个同学，似乎显得非常突兀，但我只是想说一下因桂花而引发的感慨：不是所有的花儿都在春天开放，但只要努力地积聚能量，终究能等到下一个季节，等来专属于它的"春天"，就像桂树，现在，就是它的季节。

（刊于2011年11月9日《宁波晚报》）

出去走走

我的女儿读初中了。我的言下之意是，她的功课很紧张。当然，这不妨碍她在周末睡到"自然醒"，她把这个当做是一周里最美妙的时刻。

我这个妈一直兼任着闹钟的角色。近来"春眠不觉晓"，我总是看到她睡眼惺忪的样子，所以到了周末，我这"闹钟"很默契地不发出任何声响。在悄无声息的前提下，她能睡到十点多才起床，用餐完毕再做作业。在这一点上，她很同情一大早被爹妈拎去读辅导班的同学。

周末难得放晴，大好春光很吸引人。在我再三"恳请"下，她同意陪我去附近的江边走走。

春光明媚，桃红柳绿，波光粼粼，果然赏心悦目。江边在造楼房，如同春天不经意地就来了，这房子转眼也造那么高了。旁边原来应该是一条小河，不过由于建筑渣土不断堆积，现在就是一条小沟的规模了。

我俩蹲下身来，看看有没有小鱼什么的。水倒是挺清澈，加上一些水草、石块，颇有些意境。我感叹道："这要是放大了看，譬如架个摄像机在水下拍，海底世界也就这样吧？"意外的是，我们看到一些死去的小虾，红红的，仿佛煮熟一般，静静躺在水里。这倒怪了，我们被激起了好奇心，不由沿着这条小沟往前走。

女儿发现了路边的一些东西，她立马说书里学过的，应该是生石灰，然后她开始背化学公式，证明这虾是被烧熟的。可怜这虾怎会想到，好好的在沟里，都会被煮熟？

再往前走，水草多了，我们发现了一些小鱼儿在欢快地游动。女儿说，这里水草多，有光合作用，氧气多。我听她满嘴的专业术语，忍不住调侃："你真是个好学生，总是学以致用。"

终于，我们走到了小沟的尽头。估计这里本来不是尽头，可是淤泥堆积起来，就判决了小沟的命运。在拔地而起的高楼背景下，在这春光明媚的日子里，我们能清楚地看到小鱼小虾们的未来，我有些感触："这要是放大了看，架个摄像机在水下拍，就很像《阿凡达》啊，它们好好地在这里生活，美得不行，可惜很快家园就要被倾覆了，它们只能惊慌四逃，可惜最后还是逃不出啊！"女儿没吭声,估计她又在心里骂"人类"了。现在这帮孩子,环保意识远比我们这些成人强。

我们有些沉默地往回走。江边一排密密麻麻的小树,嫩芽绽放,非常漂亮。我凑近去看,又忍不住说:"这要是放大了看,会非常漂亮!"女儿怪异地看我一眼:"又是一句'放大了看'！老妈,我发现你的思维真是跟别人不一样。等你退休了,我一定把你送去老年大学学摄影。"我忍不住乐了:"哈哈,那时我还没老到走不动吧？不劳你送去。"

女儿到底是个学生,一路走去,看到不远处的大桥,说这是可以出数学题目的,譬如动力臂、阻力臂;看到什么,又说这可以出社会课题目。我忍不住"喷"了一声:"真是三句不离本行,总是题目题目。"所以,最后我归纳说:"我们这次出来,就两句话,我总说'这要是放大了看',你就是'这要是出题目的话'。"女儿闻言直乐。

江边有人在钓鱼,有人坐在草地上打牌。很平常的某年春天的某一天,很平常的某一天里的某一个片段,很平常的阳光照在你我身上。说实话,大家平常忙工作、忙学习,所以一起出来走走,也是很难得的呢。所以按照我的口头禅"这要是放大了看",在这风和日丽的日子,抽空和孩子一起出来走走,是不是也算是一些小幸福,甚至是大大的幸福？

（写于 2010 年 8 月 21 日）

行走在春风沉醉的夜晚

春暖花开，表明这是一个非常适合走路的季节。走路，环保低碳，最迎合时下的潮流。走路还可以减肥，不必吃药扎针，还不易反弹。所以，春天里有大把的人加入行走行列。因早上大家匆忙上班，所以，晚上的小区里行走的人格外多。

"饭后百步走，活到九十九。"按老传统，一般应是饭后散步，但是结合减肥的要求，现在多数人改成行走，就是大踏步地往前走，胳膊、腿摆动的幅度很大。要是第一次看到，你肯定会小吃一惊，但是看得多了，才意识到这大概就是专家提倡的走法。

一个人走，心中有目标，计划是要走个几圈或者个把小时，所以目不斜视，悄无声息，专心行走。两夫妻走，老婆挽着老公的胳膊，或者手牵着手，一路小声说着话，很温馨。要是经常一起这么走，那夫妻感情肯定越来越好。大人牵着小孩子走，那就是走走停停，碰上另一家带小孩的，还得交流一下育儿经。还有散步带遛狗的，那走路的速度就不受控制了，有时还得被狗儿牵着跑，要是碰到另一只狗，物以类聚，狗狗们也要交流一下，主人就得在边上候着，没个准点。

我呢，经常拖着女儿一起走，让孩子也从繁忙的功课中休整一下，然后听她眉飞色舞地讲学校里的趣事，总是忍俊不禁。有时周末一家三口一起走，被女儿和老公簇拥着，行走的质量很受影响，不过感觉很放松。有时女儿功课紧，我们两夫妻一起行走，有时拼着一副耳机听音乐，一边还傻兮兮地争论工作上的事情。当然，这样的时候不多，他们似乎都比我更忙些，所以，大多数时候是我一个人行走。

这一刻，最容易想起朱自清的《荷塘月色》中的那句——"什么都可以想，什么都可以不想"。这话真是描述得恰到好处。去年到清华大学培训，我还特意去标记着"荷塘月色"的地方走了一圈，很普通的池塘，很普通的小路。对于到底哪里是朱自清曾散步走过的荷塘，不少专家还有过争论和考证，但结果都不重要了，因为荷塘月色永远在文字里了，在人们的心里了。

　　一个人走时，我喜欢戴耳机听音乐。这是释放内心情感的一刻。美妙的音乐，让身体的每个细胞都舒展开来，内心的郁闷、忧伤和喜悦都无限地放大了，可以容自己细细地审视分析。我害怕孤独，可是也很喜欢这独处的一刻。当一切都安静下来的时候，平日里无暇顾及的大自然的美、记忆深处的细节故事，都在刹那间，毫无遮拦地弥漫了整个内心。无法言说的感受让这夜晚的独处照通透了，或者你无处寄托的情绪居然有安放之处了。坦白地说，这是修复灵魂的时光。印第安人说：别走得太快，等一等灵魂。这行走的一刻，也许就是回过头去等待灵魂的时刻罢。

　　想起小时候，母亲在山区学校当老师，我早上跟着她去上班，沿着蜿蜒在山边的公路走，总是跟不上母亲的脚步，于是我就跑，跑上一段，然后坐在路边的石碑上，等着母亲走上来，这一刻非常惬意而且得意。晚饭后，父亲常牵着我的手，和同事去散步，他们边散步边说着学校的事情。我唯一记得的是，父亲的手好大，我只握得住他的一个手指头。现在父母老了，他们走得慢了，我经常搂着母亲的肩膀，挽着父亲的臂弯走。但是一样很幸福，对不对？

　　这暮春的夜晚依然舒适，而夏天的声音已依稀可辨。看不清周遭花的娇艳，蛙声已经错落响起，路灯下，隐约可见周围树丛的绿叶，闪着油漆似的光亮。不时有人走过我身边，一个的、成双的，无声的、交谈的、打电话的，都有自己的世界，谁也不打量谁。我们也许住同一幢楼，也许就住对门。而我们都走着自己的路，走着小区的同一条路，只是他按顺时针的规律走，我按逆时针方向走。但是，只要行走在这春风沉醉的夜晚，都是幸福的。这夜晚，叫人珍惜，不是吗？

　　　　　　　　　　　　　　　　（刊于2011年6月8日《宁波晚报》）

我的左手右手

我天生是个左撇子，譬如我用左手拿剪刀、菜刀。我母亲看我切菜，总怕我切到手指。

小时候吃饭，我用左手拿筷子，就很容易和邻座的筷子"挥戈相见"。当然，长辈们要教育的对象，不可能是邻座，总是我。没人规定不能用左手拿筷子，但是，当一桌人都用右手拿筷子，那就是告诉你，用左手是错误的。所以，我的天性迅速被"改造"，换用了右手。

我已不记得，这种改变是否带来过痛苦。也许没什么痛苦，因为那时小，本来所有的事情都要学习，我只不过比别人多学了一点。当然，随之而来的，拿常用的东西，如笔，当然也用了右手。而拿刀次数少，不大被长辈看到，所以，拿刀算是随了天性。

有时我回想起来，这仿佛是一个隐喻，就像一个人的成长，在顺应社会与保留天性中寻找着平衡。心理学里讲"本我、自我、超我"，我用右手就像"自我"，努力与外界保持着一致；用左手就像"本我"，我找着旁人不注意的一个空隙，小心翼翼地保留着自己的天性。

长大后，我才知道，人是有分左撇子右撇子的。左撇子的人右半脑发达，右撇子的人左半脑发达。右半脑主管形象思维，譬如形象记忆、节奏、舞蹈、情感等；左半脑主管逻辑思维，譬如计算、数学、逻辑推理等，这个研究在20世纪可是得了诺贝尔奖的。可惜，这个世界大奖的光辉并没有惠及我，只不过现在常被我拿来当借口。譬如以前我做学生时，为何文科如鱼得水，理科方面则比较笨拙，之前总是用"笨鸟先飞""只要功夫深，铁杵磨成针"来勉励自己。现在想来，大概和左撇子有关吧，抽象逻辑思维不发达么。

现在，我总是以右撇子的形象出现。只是偶然，我说的是偶然，当别人奇怪地看我用左手拿起刀时，我常不自然地笑一声："我是个左撇子。"对方有时会惊喜："左撇子很聪明啊。"可你看我还是左撇子么？我这个左撇子已经面目全非了，我用右手拿筷子，用右手拿笔，我努力向右撇子靠拢。我无奈地发现，我不再是左撇子，但最后我也没成为真正的右撇子。

当我屡次犯错误时,有时会怀疑是这种"改造"杀伤了我的好多脑细胞,把我的智商降低了好几分,我都不知向谁抗议去。我看到有本德国人写的书——《我是左撇子》,其中提到,"右半脑人改造训练会留下后遗症""对说过的话和做过的事明显健忘"。果然没错,呵呵。

左撇子就像是娘胎里带来的一块胎记。就是这一块胎记,它提醒你它的存在,但是徒然无益,有时还令人心生恐惧。我曾听一个小伙子这么说:"我在球场碰到许多左手打球的人,大部分投篮都特准,真是见了鬼了。"把左撇子说得如此另类,吓得我连声明一句"我也是左撇子"的勇气都没了。

我深信我的左手很寂寞,原本它可以很能干。它无数次蠢蠢欲动,但是从小就被剥夺了锻炼机会,到最后只能"袖手旁观"。它现在已经很笨拙了,顶多就是做一些辅助工作。它看着右手累,却帮不上忙。偶尔,当左手突发奇想地拿起球拍,却发现和右手打得一样糟糕,没人相信这人是个左撇子。

我的右手本来不用干那么多活儿,它以为妥协一次就够了,学会拿筷子、拿笔,它以为人生就是多这些任务。可是它没有预料到,后来居然要做越来越多的事:发短信发到手软,右手食指因点击鼠标而僵硬,打羽毛球打到酸痛得提不起……

当右手因积劳而酸痛时,我的左手所能做的,就是默默握住我的右手。世上很多事情都有些阴差阳错,人生,原本不是这样的,是不是? 但如果就是原本那样,那又会怎样?

如果你有空,尽可以在书上、网络上为这个问题,找出无数假设和可能性。譬如在搜索引擎上搜索,可以发现人们对左撇子的研究十分热忱,"世界著名的左撇子,有爱因斯坦、居里夫人、拿破仑、马拉多纳、贝多芬、莫扎特、巴赫、米开朗琪罗、毕加索、卓别林、玛丽莲·梦露、布什、克林顿……""他们对人类文明的贡献比例远远大于他们在世界总人口中的比例""伦敦皇家自由大学医学院最近又怀疑,用左手的人比惯用右手的人多两倍概率罹患发炎性肠道疾病"……看得我忧喜交加,扼腕叹息,生发无限遐想。

　　我看着我的左右手,它们表面上看不出什么区别,但我知道,指挥它们的左右半脑有着我不能确定的无数奥秘。我唯一可以确定的是,我没能成为什么总统,也不是什么艺术大师,我就是芸芸众生里的一个。在一个为右撇子生活设计的世界里,我的左右手还是能够顺应这个错位。在我成为教师和家长之后,这个错位唤起了我对个体差异的兴趣和尊重。

　　"天下没有两片相同的树叶",孩子也一样。

(刊于 2009 年 12 月 15 日《宁波晚报》)

第五篇章
教师的生活角色

　　教师在学校里是一名教师，职业要求使他努力呈现教师角色的特点。但教师又是一个人，是一个社会人，所以他既有着作为一个人的喜怒哀乐，也有来自家庭中为人父母、为人子女的喜怒哀乐。这些为人处世的丰富性，潜移默化地影响着我们对教育的理解。

　　生活角色对职业角色的丰富。有的老师说，刚毕业走上工作岗位时，血气方刚，容易发脾气，等自己有了孩子，对人生的感悟多了，就心平气和了许多。当成为中老年教师后，面对学生的问题与错误，又会多一份宽容与淡然，知道这些问题与错误在人生这样长的时间轴上都不值一提。总之，教师的生活角色直接影响着教师对职业角色的理解，所以当教师时间久了，就会发现，我们经常讲的教师观、学生观、教育观，其背后就是人生观、世界观和价值观在起作用。

　　读大学时听了很多教授的课，我印象比较深的，都是能把生活角色适当带进课堂教学中来的那几个。譬如一位年轻老师讲《学前教育学》，那时她的孩子出生没多久，所以她时不时就以孩子为例来讲解。这个时候作为母亲的角色，她的神情是非常温柔的、时不时微笑的，这使得一堂课突然就脱离了理论的"枯燥"，变得生动起来。而生动的课堂自然更吸引人，也就引发了我对教育学的兴趣！

　　生活角色与职业角色的边界。我们希望教师的生活角色是美好的，有一个比较好的心情与精神状态，也希望这样的状态延伸到工作中去。当然，现实生活中总是充满了大大小小的不称心、不如意和问题矛盾，譬如职业倦怠、家庭问题，或者更年期，都会让人变得不耐烦、焦虑生气、缺乏工作热情等。但走进校门，你就是一名教师，这个角色身份应超越一切。让生活角色丰富我们的职业角色，尽量避免干扰或者产生负面影响，这就是我们所倡导的"职业精神"。我曾经在网上看到过一个这样的视频，一名教师走向教室，他可能是疲倦的、焦虑的，但他深吸一口气，做个舒展动作，调整一下脸部表情，然后精神饱满地出现在学生面前。一个自律的、懂得自控的、有职业精神的教师令人起敬。

当然，我们也不能要求教师时刻保持这样的状态，人不是铁打的，我们只是希望处在工作状态时，还是要强调工作态度和职业精神。教师和学生朝夕相处，也没必要"绷着"，这样双方都累。在不影响教学质量的前提下，教师也可以表达自己的情绪情感，坦诚自己在生活中的问题与挫折。学生虽小，但他们的敏感性、宽容度并不比成人弱，一个真实的老师能赢得学生更多的认同，同时也能使学生对生活多一些理解。

箩里拣花

我家打算买车后,老公说,你去挑吧,看中哪辆,我负责去买。仿佛他兜里放着张上百万元的银行卡。这样的爽快估计会让很多女人感动,我也不例外。当然,如果我知道,日后我会如此痛苦,那我宁愿把那句话还给他。可能再加上一句,你看中你去买,钱问我要。

"学然后知不足",老祖宗的话是大有道理的。普通人家买东西,价廉物美从来是不懈的追求,何况是要花大把银子的车呢。再说,我不但连方向盘都没摸过,还常闹笑话。有次,站在两辆车边,瞅着这俩车,跟双胞胎似的,我就奇怪地问:"这两辆车有什么不同?"边上一个人回答:"一个是两厢,一个是三厢。"声音里波澜不惊,但后来想想,估计他在尽力克制,不让声音里的笑意漏出来。所以,说我是个十足的车盲,我是承认的。现在,要买车,那选车的第一步自然是"扫盲"了。

我做的第一件事,就是看哪辆车好看。我敏而好学,譬如,有时在路上走,眼神总在搜索车子。前边开过来的车,我会目不斜视,仿佛很不把对方放在眼里。待它一驶过身边,我就迅即回头,类似含蓄的男同胞看到美女的表现,深刻地盯上一两眼。路过宾馆的停车场,这也算是一种很不错的车展,我就不惜走回头路,来回走个好几遍,仿佛漫不经心地,一辆一辆地打量。我的行为已经有点怪异了,如引起保安的怀疑,也是情有可原的。后来在一次车展现场,边上有人抱怨展出的车型不够多,说了句:"还不如去停车场看。"我听了忍不住想笑,原来天下有同好的大有人在呢。

"选美"有个方向后,我才想到车是要用来开的。这个时候,我发现问题开始多了,又要做以前读书考试那些选择题了:多少价位?手动还是自动?哪类车省油?事故率哪个高……我开始在网上点击"汽车"两字,当然我也没想到,我的举动颇具革命性的意味,因为我打开了一道汽车世界的大门,我如同井底之蛙跳到了井口,从此大开眼界,也眼花缭乱。网络里关于车型的介绍,专家的分析,车主的使用报告,应有尽有。说优点的,说缺点的,仿佛拿你当绳子来比赛拔河,势均力敌得让你左右为难。更恼火的是，你喜欢的这款车有人会说这名字不吉利，那款车出处又讨人厌，每个人都可以找出这样那样的毛病。看到后来，觉得简直无车可选。汽车新闻每天都在更新，昨天说车价要降，今天说那车又有新款出来，总之，每天都让你脑子"疙瘩"一下。当然，乐趣也不少，网上有些介绍车的文章大有水平，令人忍俊不禁，拍案叫绝。于是看完这篇看那篇，流连忘返，差点忘记自己所来何为。我还开始翻阅汽车杂志，要知道，这是很"男人"的杂志呀，以前从不曾进入我的视线的，真是史无前例！

"书呆子"的叫法是有道理的，我"研究"过一阵子后，确有些不对劲了。看报纸，特别关注汽车专版。要是没这块内容，就是看到有"路"字的文章，也会忍不住注目，潜意识里以为有"路"，自然会谈到"车"。更厉害的是，有时晚上睡梦里，还在想选 A 车还是 B 车？银色还是蓝色？想到纠结不已时，还会醒过来，推醒丈夫一起交流。有时还大发感慨，从选车谈到选结婚对象，以为人生哲理大抵如此。最令人恼火的是，好不容易大致有了个谱，老公下班回来说，刚坐了谁的车，什么什么方面不错，可以考虑。害得我又上网看那款车的介绍，前面做的功课白费了。

有时，老公悠闲地看报纸，看我在电脑前坐着，一手还拿支笔记呀记的，颇有些同情，说，你费了那么大劲，买来又没得开，我有点过意不去呀。我没好气地说，想得美！买来你先练两个月，磨合期过后就归我用。哎，也不看看我这车还没买，已是一脸土色了呢。

当然，收获还是有的。譬如一家人在马路边散步，"唰"的一下开过一辆车，我只瞟一眼，就说这是一款什么车，老公始而不信，我慢悠悠地说出这车的外在特征、出产地、优缺点、价位，甚至指出它今后的发展方向。老公听得满脸"士别三日，当刮目相看"的神情，他承认我做事情有研究精神，但他也开始担心，现在的我已经不急于买车了，这让他联想到，女人逛街的劲头似乎从来是让男同胞发怵的。

学开车

学开车,搞笑的事儿不少。

譬如,我发现,在教练场学车的人,大多手脚不协调,倒喜欢在面部表情上使劲,咬牙切齿,五官错位,源源不断的汗水流淌在狰狞的脸上,真是够难看的。冷面的教练会在边上仔细地扫你一眼,口里轻描淡写地说一句:"你对汽车好像有仇一样。"惹得后面坐的人偷笑不已。这个时候,"以小人之心度君子之腹",我才发觉驾校教练是个相当不错的行当,无论平时多矜持的人,在这里不是现了原形,就是被逼出了丑态,平日里哪看得到哦。

当然,我自己闹的笑话更多。第一次把教练车开上马路时,全然是行人的思维,看见前面有大车过来,惊恐得使劲把方向盘往边上打。自然招来教练的训:"怕什么!你开自己的道,撞了就撞了,保险公司会赔的。"知道教练在壮我的胆,但我心说,那我人怎么办?咬着牙开过去,卡车在边上呼啸而过时,我早吓得闭了眼。而看见路边的行人,却下意识地靠过去,想和他们走在一起,又忘了自己是个开车的。这次,轮到边上的教练失声大叫了。

当时考的是手动挡,觉得实在复杂。你想,你的脚在左右乱踩,边上是教练一迭声的命令:"换挡!""打灯!""加油!"……自己想的、教练说的,混成一片,不知该听谁的,慌乱得"左""右"都分不清。每次学下来,头痛得都快人格分裂了。有时,做出个动作,导致车子猛震,自己还直犯迷糊,好像既不是自己预想的,也不是教练的命令。后来,基本能按照教练的命令开车了,但觉得自己全然像个傀儡,不折不扣地执行教练的命令,按教练的说法是把"车开得呼呼响",但下了车却什么都不记得了。再到后来,教练无论在边上怎么个大呼小叫,我都能镇定自若地开车了。我知道,自己练到一定境界了。那段时间才发现,读了十多年的书,没挨过老师的训,原来全等在这里给我了。当然,日后是越来越念教练的好了,谢他的"魔鬼"般又颇有技法的严格训练。

等自己拿到驾照,俨然一久经考验的车手了。人说新手上路,难免战战兢兢，我却是悠然自得。边上没人呱吵，自动挡就是踩个刹车油门，又不用换挡，多轻松啊。我一脸"什么世面没见过"的样子，刚拿到驾照，就敢开出城去、开夜车。曾看到有文章说，女人开车，丈夫是不能坐边上的。男的会嫌女的笨，女的气男的不够温柔，很容易引发家庭大战。我倒没有，有时，老公在边上指挥几句，我一点都不恼，还是笑嘻嘻的。

但是，教训马上来了。有次上班路上，在一条小路拐弯时，车头左侧和对方的车尾发生刮擦。其实双方已经踩了刹车，但对方探出头一喊，我一慌乱，反而擦着了。"还是经验不够呀，要是先跳下去看看就好了。"事后，我总是婆婆妈妈地把这个当作自我检讨的开场白。这时，学的理论早忘了，学车练的心理素质在这里也使不上劲了，我像个局外人一样站在路边。对方是个小伙子，说，你叫交警吧。我说，怎么叫？他说，那我叫，你把保险公司叫来。我说，我不知道号码。对方说，你没带保险卡？我说，我不知道，我老公办的保险。其实，我想说的是，我从来没有想过我也会有这么一天哪！呵呵。这时，小伙子已经意识到遇到真正意义上的新手了。他叹口气，你给你老公打电话吧。老公在外地出差，他在电话里告诉我，等交警来拍照后，拿了开的单子去4S店，具体让他们来办。那位小伙子没法子，开了车随我到了4S店。保险公司的人来后，也许看我一脸初犯错误的无措样子，倒也估价得很合理。那位小伙子年纪不大，但对保险维修之类倒颇内行，他在边上给我上现场教学课，大长见识。在那里，我看到另一辆待修的车，和车主说起来，居然是差不多时候买的，现在又是同日同时出的事，颇有些惺惺相惜之意。自然，他懂的也不比我多，我就把刚学到的知识立马"贩卖"给了他。

回家后，向家人汇报，为免他们担心，当然说得绘声绘色的，把紧张和尴尬全作了笑谈。末了说："后来，还是那人把我送回来的。"家人奇怪："谁？店里的？保险公司的？""就那个被碰着的车主人哪！"家人全张口结舌，无言之中自然是"你惹的事，人家还送你"？我终于为这小小的事故舒了口气，"不幸之中的大幸哪，我遇到了好人"！

从此开始真正的"新手上路，小心谨慎"了。

（刊于2006年2月10日《宁波晚报》）

路考

很多人对命题作文感到头疼,但若叫考驾照的人来写这篇作文,呵呵,估计会写得刹不住车。我刚通过路考,逢人说起,就是:"比考博士还紧张啊!"这句话里,有两个信息,一个说明自己考过博士,有些炫耀的意思,很不应该;另一个,形容路考那紧张的程度有过之而无不及,这倒是很贴切的比方。

路考前一晚,我竟然愁起该穿什么衣服。这有讲究吗?当然。宽松的衣服让人心情放松,紧身的衣服施展不开手脚。开车不是练武功,但打几圈方向盘也够让女同胞"咬牙切齿"的了。花哨的衣服会让考官眼花缭乱,也许犯迷糊忘了扣你的分,也许心情烦躁,对你大不耐烦。我在那里对着几件衣服穷分析,既念阿弥陀佛,也在胸口画十字叫阿门,总算明白什么叫心里发虚。

事实上,学车到一定程度,我已开始尝到了驾车的快感,就是行家说的"操控感",当车子在大道上飞驰,耳边传来音乐声,很令人享受。但任何事情,一碰上"应试",总不大有乐趣。譬如,该压上轨道的却绕边上过,该绕过去的却一个接一个压着了,教练上火,自己也烦。像"过大饼",就是地上呈"S"形摆六个铁饼,车子绕过去,不能压到。练习时,地上早作好了记号,你只要根据那些记号打方向盘就可以了。但人有高矮,看到的点不同,教练的教法也有不同,于是,甲教练在地上画圈乙教练在地上画十字,还有的在圈里画十字。你用红色,我用白色。再没法子了,干脆再贴个橡皮胶表明独家专利。一时,五彩缤纷,图形古怪,类似印象派画家的作品。最痛苦的是,一场大雨过后,一地斑驳。学员开车到某个位置,直犯迷糊:到底对哪个记号? 有时,教练也被问糊涂了,怒道:"你看个大概嘛,这么死板!"

有一点是要大大感谢的,路考地点设在鄞州横溪。这个地方我以前从来没去过,但风景之美,值得一书。满山的绿,如果让小学生看到,学"浓郁"一词是不需背注解的了。山腰大片的茶园,间或有竹林,粉色的桃花,几间民居,清清的小池塘。尤其在清晨,薄雾袅袅,有人在采茶,半坡上教练车,红的、白的,飞驰在绿色间。当我们被教练训得垂头丧气时,转眼看到车窗外的景色,还是忍不住神情大变:好美的地方啊!有人开玩笑说,说不定考官也会被这景色迷住,忘了扣我们的分。后来,我在路考时,想到这句话,恨不得请考官转过头去看风景!心中一乐,心情放松不少。

你见过路考那架势吗?几十辆车一字排开,后面还跟着几十辆,一些人坐在车里,一脸肃然,一些人站在车边,低声说着话,抽着烟,整个一即将开上战场的杂牌部队。我吃了颗咖啡糖,提提神,俩小时里跑了三次厕所,然后在路边走来走去,就是坐不下来。教练微笑着问我,不紧张吧?我说,还好。平时,经常挨教练的训,看到他整日板着个脸。现在乍一看到笑脸,受的惊吓比被训斥时还大,真正觉出目前形势的非比寻常来。

学员坐在了车里,教练还在边上嘱咐,这让我想到高考的架势。以前见过考官,大都戴墨镜,制服一穿,在一般人眼里很是威武,但在我们考生看来,简直叫人打哆嗦。亏得那天天气一阵雨一阵雾的,估计考官嫌墨镜碍事,没戴,但他们的眼神也没让考生们读出什么额外的消息来。大家心情复杂地目送着考试车开上那条布满了美丽风景的羊肠小道。过不多久,当考试车开回来,如果是飞速地往前开,那说明要去镇上绕了,估计是可以通过了。如果那车速度放慢,转向灯亮了,那说明完蛋了。所有人都读得懂这个结局,现场没一点喧哗声,眼神里却写满了意思:感叹、焦虑、佩服、不安,也许还有幸灾乐祸。最有意思的是,考试车从镇上绕回来,教练早站那迎了,一边厉声叫边上的人让开,一边向车张开手臂打手势,仿佛是马拉松冠军跑来了。这个镜头是有些叫人鼻子发酸的,也许平日里常挨教练的训,恨不得造教练的反,这个时候,才知道彼此是一条战壕的人,共同经历过日晒雨淋的辛苦。

当我坐上车,系上安全带后,竟然脑子一片空白,教练在边上催了我一句,才如梦初醒似的踩了油门,开上道去。动作是早就熟练了的,教练的话也像录音带似的,每到一个地点,就会在耳边响起:打灯、靠过去、松、拧住。侧方停车挺到位的,没想到,往外拐时,后面一辆考试车估计也很紧张,这么多空车位,偏"唰"的往我这个车位贴过来,把我这车堵在里面,还差点撞上。双方都刹住了,一时都没了反应,我这边考官"啧"了一声,终忍不住说了声,绕出去。我心说,怎么绕得出去?!估计对方考官也在指挥,对方开始倒车,给我让出了道。哎,也不知这个意外有没有让对方乱了方寸,最后通过了没。过"大饼"是我的弱项,不出意外地擦着了,考官又"啧"了一声,所幸后面动作到位,没让考官"是可忍,孰不可忍"。当我开往镇里时,已经自如得能把车开得"呼呼"响了,紧张感荡然无存了,开回来时看到教练远远地迎着,仿佛自己是功臣了。

记得刚开始在场地学开车,教练们在聊天,说,这学车子啊,中年人慢,女人慢,体育不好的慢,整天坐办公室的慢……前四慢我都占全了,当时一片心凉。现在桩考路考都一次过了,哎,又可以对女儿背语录了:"有志者,事竟成""笨鸟先飞"……

(刊于2006年11月《宁波晚报》)

世界杯，我是谁？

世界杯来了，当大家都在说谁谁是球迷时，我发觉自己的身份很难界定。

我是球迷吗？当然不是，我这人不懂足球，所有体育项目都不大懂，打小就是书呆子一个。我父亲倒可以算个球迷，当然是个乒乓球迷，只要直播时间合适，肯定和母亲一起看，一场不落。至于像王励勤、王楠这些名将，他已经熟悉到可以和他们嘘寒问暖了，如果可能的话。因为他居然可以看出人家瘦了或者手伤筋了。我算是伪球迷吗？但"伪"也得有伪的姿态，我又装不来。当然，这个今年格外流行的词儿，可以看作一个狂热球迷瞧不上他人的轻蔑叫法，或者一个真球迷的自我谦虚，当然也可用作遇到疑难问题准备下的台阶。我更不是"足球寡妇"，我家那位也不热衷足球，他看世界杯和以往看电视剧没什么两样，照样看了一会儿就睡过去了，有时他还在边上打呼噜，倒剩我一个人在那看。也许会有女同胞羡慕，不过就算他很痴迷，我也觉得没什么。就是个体育项目，怎么就成了"三八线"，把男人和女人如此对立起来呢？再说，男人偶尔发一个月疯又何妨，中年人难得有个忘乎所以的时候，可以与那么多人同悲欢，又是那么健康的体育项目，这种激情多好啊。你想，要是你的上司忘了擦去凌晨看球时画在脸上的国旗就赶来上班，估计会讨很多人的喜欢，立马忘记他曾经的严厉和过分了吧。

是的，我什么都谈不上，我只是觉得生活平淡，店里有的是速成食品，引人入胜的连续剧大可以去租音像店的碟片先睹为快，爱情可以速配，唾手可得是现代人生活的一部分。但世界杯不一样，你得耐着性子，一场一场地看，一场里还不定能不能进一个球，一切都变化莫测，随时会峰回路转。我听不懂足球术语，但看球员们拼狠劲，比智慧，耍无赖，一个个不可复制，真是很精彩！再说，比赛精彩，花絮也不逊色。你看报上说，"数百名德国和英格兰球迷聚集在法兰克福一个中央广场，列阵对骂长达一个小时。大批德国警察在旁监视，以防混战"。男人骂街，是很少见的，现在是一大批男人排好队开骂，而且居然能骂上个一小时，真是匪夷所思哪！不知他们是用通用的英语来骂，还是各用各的语言。那边上的大批警察估计心情也很微妙，既怕闹出事来，又心痒痒的，想帮自家人。这现场真是好玩！

当然，我看 QQ 上有人，估计是位女性，在问什么叫"越位"，引来一片"晕"字。我倒佩服这人不耻下问，我是只管看，不好意思问的，怕人家说这不是个问题而拒绝给出答案。有不少人给她解释，有给学术定义的，似乎很专业，但也是个生吞活剥的。有一个人的解释才叫绝："越位就是后卫不防守跑去干前锋的活儿。因为足球场上前锋等级比后卫高，相当于厅级和处级的关系，你明白了吗？"真真叫读者忍俊不禁。

看到这满屏幕的狂欢人群，我突然觉得，扑朔迷离而倾尽全力、山穷水尽而柳暗花明，这样得到的总是万般珍贵，足球如此，恋爱如此，事业不亦如此？看来，等世界杯看完，我都可以成思想家了。

（刊于 2006 年 6 月 16 日《宁波晚报》）

新房子

近段时间,有几位亲朋好友乔迁新居,我自然是要去瞧瞧热闹的。换了住房,面积大了,楼层高了,可我坐在客厅四下瞧,"这吃不到的葡萄果然是酸的",这新房子还真没入我的眼。

现在的地板都是朱红色,原谅我对色彩的辩识度不高。反正一进门,就是暗红的。为什么就不能有所不同呢?就像前两年的私家车,全是银白色,审美疲劳呀!如果这家和那家差不多,那还是家吗?变成旅馆了。瞧角落摆着的大功率柜式空调,表示主人有决心与反复无常的天气相抗衡,但大都套着漂亮的罩子。客人虽暗暗擦汗,但也不好意思请主人帮它"脱衣服"。

客厅墙上流行挂一面等离子电视,这种电视只能称之为"一面",没法像小学生语文考卷上要填"一(台)电视"。记得广告上说这种电视"轻薄",倒叫"轻薄"一词回到它的字面意思。"一面"自然要比"一台"省空间,但也表明它有覆盖整面墙的决心。这么"悬而未决"地安在那里,坐在沙发上与之对望的人,不但感觉脚不着地的玄乎,更烦这大屏幕声色一片转移注意力,以至来访的主题总被电视上的节目忽悠到九霄云外去。

我最感困惑的是,现在客厅有越变越大的趋势,都有二十几平方米的地儿。既是"客厅",当然以会客为主。客厅大,"宽以待人",表明主人热情好客。但现在城里虽不能说"老死不相往来",但宾朋满座的时候总是极少的,所以客厅明摆着"反客为主"了。但作为主人,我就不必非得坐在这里,空荡得没有包容感,面前的大玻璃茶几更是明摆着不想给你的胳膊作支撑,你放杯茶还得朝它弯腰鞠躬。

一般三口之家,共进晚餐后就"各奔东西",躲进自己的小房子,做作业、上网、看电视,反正我是经常窝在床上看电视。到别人家去,看到对方有坐在餐桌边看报纸的,有从厨房或者卧室里跑出来的,显见这客厅并不讨渴望拥有私人空间的现代人的喜欢。

其实客厅是不如餐厅重要的,现在一家子能聚在一起的也就这张餐桌了,如果为了家的感觉,倒不如餐厅大一点、舒适一点。客厅嘛,够放下几张单人藤椅和一张小茶几就好,客人来了,围坐一起喝喝茶什么的,不是比面对电视更温馨?

前些天,给大学生开家庭教育一课。上课伊始,我搞了个课堂游戏,以"你心目中的家"为主题,请俩可爱女生上台来画一幅图。想不到"新新人类"们画了差不多的内容:一座农家小房子、门前一棵树、屋前一条小河,一家三口手拉手、旁边一只小狗或小猫。末了,其中一个女孩儿意犹未尽,又加了几笔,给屋子加了根烟囱,还"炊烟袅袅"的。我很惊奇,她们满脸自得地笑。

后来我又用这同一个题目问我十二岁的女儿,她说的居然也差不多,只不过按她的年龄特点,又加了些小动物,"门前养只狗,门后养只鸡,屋顶养只猫……"。我哑然失笑,原来我们费尽心思打造的新房子,不仅我们自己不认可,甚至我们的孩子们也没有认可。原来我们现在住的还是"住房",我们的"家"还是在晋代陶渊明"采菊东篱下,悠然见南山""狗吠深巷中,鸡鸣桑树颠"的诗句里啊!

(刊于2007年10月25日《宁波晚报》)

冬天爱赖床

冬天最幸福的事是什么？估计不少人会把赖床列为答案之一吧。那怎么对付赖床呢，估计闹钟也是大家选择的不二武器，当然，这武器是自己拿来对付自己的。

现在简单，可以通过手机设闹钟。我家闹钟定为早上六点一刻，一家三口都有手机，没有采用寄宿制学校统一的起床音乐，"各自为政"设置闹钟铃声。当然这铃声音乐的选择是颇费心思的：不能太柔和，怕成催眠曲；也不能太激昂，怕吓出心脏病。所以，每到那个时候，家里两个房间的音乐声此起彼伏，流行歌曲与古典音乐，各显神通。

虽然在睡梦里，但坚强的意志似乎并没睡着，绝对可以把声音排除在外，硬撑着把它摁掉，继续睡。有时为了不睡过头，再定个闹钟，推迟个十分钟再响。女儿小灵通的闹钟更绝，叫"懒人闹钟"，干脆每隔几分钟响一次，属于跟你较劲的那种。不过呢，这睡梦里已经有个意识挤进来了，那就是：要起来了！于是睡上个十来分钟真有点争分夺秒的意思，感觉分外幸福，有时居然还可以做上一个完整的梦。

虽然没有明文规定，大人要比孩子早起几分钟，不过为人父母者总得做个榜样。但丈夫总会搬出各种理由，什么这几天辛苦啊熬夜啊，争取多睡几分钟的权利。我没他那种"临危不惧"的精神，所以只得先起床准备早餐。有时心理也会不平衡，难道你挣的是美金？凭什么是我先起床？后来我想起一位朋友说的，他们两夫妻是轮流早起，公平合理。于是我也如法炮制，但轮到丈夫早起时，还得我叫他好多次。他口里应着，但照样争分夺秒地睡，所以这项家庭变革终告失败。我只好把收拾床铺、餐桌的任务交给他，找个心理平衡。

记得读大学时，我的一位室友也是宁波人，有次用宁波话写文章，比较搞笑："十二点汪汪动，我眼睛挖开了。"大家以为是要讲恐怖故事了，后来听了解释，都赞宁波话妙不可言。因为对贪睡者来说，眼睛真的不是"睁"开的，而是需要用外力"挖"开的。像我女儿早上起床的序曲就是先用双手把眼皮撑开，瞧瞧时间后又闭上眼睛。有时我就逗她，要不要借你一根火柴棒撑眼皮？她瞌睡兮兮但又头脑清醒地说，不是一根，是两根。

有时，我一边忙着准备早餐，一边大声疾呼，像个旧上海工头"拿摩温"，"要迟到了"，先告诉他们后果的严重性；"我不负责任的啊"，强调让他们责任自负；"还有几分钟、快点快点"，表明还有努力的余地。女儿为了躲避我的聒噪，干脆整个钻到被窝里去了。所以我想起电视里的"憨豆先生"的一系列操作，他搞了个机械装置，闹钟一响，会带动一系列运动，导致床脚的一个水龙头打开，这样冷水淋到双脚上，这个叫醒服务才算结束。当然这个方法仅供参考，不敢让家人"享用"。

前几天去参加家长会，一位家长夸了我女儿一番，我估计接下来她要向我请教育儿经，正喜滋滋地准备措辞呢。不料她郑重其事提的第一个问题是："你女儿早上起得来吗？我儿子总不肯起床啊！有什么办法吗？"我没想到这也是家庭教育要研究的"内容"，当然措手不及，支支吾吾地说了几句。呵呵，对方失望的神情让我郁闷了好久。

（刊于 2008 年 1 月 15 日《宁波晚报》）

"花·菜"女人

有次和女儿回家,半路上想起,还要去买点菜,然后再去附近花店买束花。女儿开玩笑说,那你干脆去买花菜好了,花也有了,菜也有了。那时正值2月14日情人节,网上有人出点子说,送玫瑰不如送花菜,实惠又有创意。结果反应快的花店,还真推出以花菜或者西兰花为主角的礼品包装。所以,女儿就拿这个来和我开玩笑。

花菜还真不错,无论样子,还是名字,都和花儿沾点边。虽比不得玫瑰娇艳,也全没牡丹的雍容华贵,但好歹名字里有"花",样子也有那么一点儿花的意思,营养又好,兼具实惠与美观。

我灵光一闪,进而调侃地对女儿说,你看你妈像不像一棵"花菜"?每天忙着工作、操持家务,又不忘从生活中找点乐趣,努力在两者之间找到一点平衡。呵呵,当然,外表也逐渐接近花菜圆溜溜模样。

如此想来,我身边这样的"花·菜"女人还真不少。我的一个好友,在机关工作,很求上进,平日里桌上放着一本英汉词典,每天抽空像翻小说一样读上几页。结果还考出了一张英语中级口译证书,和外商交流时,让旁人直有要把她挖走的冲动。上台发言前,细细写了发言稿,传给我听取意见。这样了然于心后,上了台就能自如地脱稿演讲,赢得满堂彩。她很好"养活",从不讲究什么名牌奢侈品,连化妆品都在超市里买,让同事们直摇头说同龄人里找不出第二个。但她照样秉承"女人要对自己好一点"的原则,每天早上给家里备好早餐,就赶去游泳,一天上千米也实在了得。晚上做完家务,就去公园散散步。不吃什么高档补品,但经常榨点胡萝卜汁、泡点芝麻核桃粉给一家人喝。

有一次在花店,我花了五元,买了一束花,那家店主,一个小伙子很热情地说,五元钱,可以开心一个礼拜,多好!呵呵,这是我听到的最美的"花语"了。

我口中的花说的是康乃馨,不贵,也没有刺鼻的香味,但颜色丰富,在家里花瓶插上几朵,蛮养眼,也好伺候,过几天剪剪枝,又能活好久。

(刊于2012年5月10日《宁波晚报》)

丰盛的一餐

2014年第一个周末的午餐有：蛎黄摊蛋、肉末菠菜、萝卜红烧肉、芹菜炒鱿鱼、咸齑年糕汤，年糕汤里还放了几只早上吃剩下的荠菜肉末饺子。

我突然发现很凑巧，这一餐吃的都大有来头。蛎黄、芹菜是象山海边亲戚送来的，咸齑、萝卜、年糕、荠菜来自好友住在鄞州乡下的父母，而这饺子皮是我早上亲手擀出来的。坦率地说，这些东西不稀奇，但有了这些背景作铺垫，这顿午餐顿时就显出无与伦比的"豪华"来，按我女儿常用的词儿，这"多有爱"啊。

你想，这荠菜可是大妈在村边田头一朵朵挑来的，多费心思。我小时候也干过这活儿，现在想来是桩很美好的事儿，青青田野，空气清新。不过我确信现在走到田头，荠菜也不多见了，见到了也不大认得了。

而撬蛎黄，我有过一次体验，在海边用工具撬下来，一个个都小小的，随手送一个入口，微咸鲜嫩，非常美味。当然这大冷天的在海边干活，时间久了就是件苦差事，所以就愈发觉出亲戚的情意来。

这咸齑以前都腌在大石缸里，用脚踩结实，是农家餐桌上的主菜，一年吃到头。记得小时候就读的山乡学校开运动会，会烧好一大水缸的咸齑汤，每人勺上一碗，再配发个淡包吃，在当时简直就是"豪门盛宴"。我边回忆边促狭地对女儿说，听说有脚气的人踩出来的咸齑最好吃。女儿哭笑不得，你能不能别在吃饭时提这个？女儿不大喜欢腌制食品，但是她喜欢喝这咸齑汤。

而记忆里做年糕的场面真的只能用"热火朝天"来形容，一屋子蒸腾的热气夹杂着欢声笑语，刚出来的年糕软糯无比，小孩子一边吃一边捏来当玩具使。做年糕是过年的重要环节，父母兄长挑了米到年糕加工点，通常需要排长队，一般要等到深更半夜，才能担了一箩"新鲜出炉"的年糕踏雪回家。之后餐桌上便是咸齑年糕汤、青菜炒年糕、灶火煨年糕，而大年三十的中餐往往是鸡汁咸齑笋丝年糕汤，算是丰盛年夜饭的前奏。

每一道菜都可以唤起一些记忆，像挑荠菜一样，发现一朵，也许就找到了一簇。所以这顿午餐，我的话特别多，似乎控制不住地往外涌。所幸女儿听得还算有兴趣，当然她对我的渲染保持有节制的相信。她老成地说，记忆里留下的总是美好的。我承认她的话有道理，也难以证明我的话没错，我只是没法子拿那些记忆里的美食给她尝尝。当然，我也提醒她，数年之后你可能像我一样，也许会忍不住回忆今天这一餐而流口水。

蚝黄是嫩滑的，菠菜是清甜的，年糕是Q弹的，饺子是劲道的。总之这顿午餐一家人吃得"较关落胃"（吃了以后很舒服），也比较放心，不含什么农药或者防腐剂。更要紧的是，这都是来自亲朋好友自家的东西，算得上"温暖牌"产品。这些饺子没有统一尺寸，但每一个都带着我的手温，胜在有个性，当然自卖自夸，吃一个赞一个。

我一同学在城里安家落户之后，又在同一小区里买了一套房，把他乡下的父母接过来住，彼此好有个照应。但乡下还有老屋和田地，所以每逢节假日，他经常开车送父母回老家侍弄那"一亩三分地"，顺带把成熟的青菜、萝卜、南瓜之类的运回城里，除了自家吃还可以送些给左邻右舍，皆大欢喜。当然他笑言，这没得赚的，来回一趟，汽油钱比菜钱贵多了。我说你这是最好的尽孝道了，再说你也该知足了，城里有房乡下有田，你这是真正的"土豪"生活呢。

以前亲戚送东西来，总是有点不好意思：家里自己种的菜，不值什么钱。现在谁都知道，这些"纯手工亲手打造"的分量有多重，你简直有无以回报之感。当然，你自己能"手工制作"，那就更好了。

前几天看李安的电影《饮食男女》，吴倩莲扮演大厨的二女儿，她只有到了厨房，系上围裙，在热气腾腾中炒菜，童年记忆才会扑面而来。她有句台词很经典："为什么我没有童年记忆？除非我把它们煮出来。"所以就不难理解现在"开心农场""阳台菜园"之类的小游戏为何如此火爆，自己在家捣鼓做面包蛋糕什么的热潮正盛。百度里解释："感觉是对客观现实个别特性（声音、颜色、气味等）的反映。"所以，要感觉美好的过去和现在，一定需要握在手里、闻进鼻子、听进耳朵里。

把每一种原料都去采集来。将和好的糯米粉团取一小块，在手上搓成小丸,再压成饼状,在其中包上芝麻猪油馅,雪白的汤团就做成了,下开水锅里煮吧;和面、拌馅儿、擀皮儿、包饺子,下到锅里让它们扑腾吧。要过年了,自己动手做吧,忙乱得身上都粘了面粉也无妨! 无论你在哪里,无论你和谁在一起,夹一个热气腾腾、白白嫩嫩的汤团或饺子,小心地深深地咬下去,你就能幸福而满足,你的童年记忆、你最爱的亲人们,此刻都和你在一起。

（刊于 2014 年 1 月 22 日《宁波晚报》）

周末逛菜场

平日里忙于上班,买菜就近,一般去小区边的小超市。只在周末,我才会去菜场买菜。

说是买菜,其实是享受时光。呵呵,人家热衷周末去郊区爬山,我是喜欢去菜场。周末相对悠闲,睡到自然醒,穿上休闲服和球鞋,这也是周末的标志之一,管他个子矮不矮,不端着就好。你要是穿着职业装和高跟鞋进菜场,这气质肯定与菜场不配,当然人家也只能原谅你的工作已忙碌到"马不停蹄"的地步,这难免让人感觉你"不幸福"。

背个小包,便于双手提菜、拎袋子。一路晃悠过去,正值盛春,马路边郁郁葱葱的绿树,整齐而低矮的杜鹃花开得正盛。我忍不住蹲下身来,左端右详地拍了几张照。虽然是寻常不过的照片,但我确信,将来某日再看到这些照片,一定能回想起照片背后的买菜时光。

菜场很大,很整洁,灯光通明,东西很多、很光鲜,人来人往的,买菜的人拎着满袋的菜,这一眼看过去,够生活、够热闹。城市现在很现代化了,你很难看到只可意会不可言传的"市井气",但在菜场里,虽然也没法和以前相比,但这股气息多少还是存在的,令你莫名的亲切。于是就不由自主放下精神的戒备来,让自己变成一个纯粹的家庭妇女,只专注于买便宜的、新鲜的菜,满脑子盘算着怎么搭配、怎么烧菜。

这是与我的工作领域截然不同的地盘,你不需要也最好别文质彬彬地讲话,你得尽可能地使用菜场的流行语言。这菜场是标准的"双语教学"场地,普通话与宁波话并存。大家说的普通话或许不标准,但宁波话那是相当的地道,原汁原味。

如果说一盘美食叫色香味俱全,那菜场就是声色味混杂,而且是重口味的地方特色。扑面而来的不仅是琳琅满目的宁波"下饭",更是此起彼伏的宁波"闲话",卖菜的要和买菜的对话:"阿姐,昨么河虾鲜伐(昨天河虾鲜美吗)?""话好话好(还好还好)。""贼嘎句啦(这么贵啊)?""活接上市货么(刚上市的货品)?"两大妈狭路相逢:"交关捏节没看将侬类,类阿索啦(好多天没见了,在干吗呀)?""诺,搭囡握里去类(哦,去女儿家了）。"最来劲的是卖鱼的大声吆喝声:"眼睛会色(眨)、尾巴会哗(甩)、透骨新鲜带鱼快来买——"

这么说起来,我也能说多种语言呢。虽然英语说得比较蹩脚,但说宁波话和普通话,那还不是张口就来? 遇到说宁波话的摊主,我就说宁波话;遇到说普通话的摊主,我就说普通话,以此给对方一定的"认同感"。当然无论如何,我自己也比较心虚,因为我知道,对方是菜场主人家,经验老到,拿眼一瞟我,就知道像我这样的人,既不懂行情,也不善于讲价,不斩(宰)你斩谁?! 这也是我去菜场唯一发怵的地方,老实说,去明码标价的超市更让我安心,但是我又喜欢菜场的氛围,所以偶尔挨斩也认了。有人传授"买菜秘籍"说,你只要认准一个摊子买,积极主动混到老主顾的地位,接下来就会享受价廉物美的待遇。当然,这招我没有试过,像我偶尔去一次菜场的人,估计也不管用。再说,如果人家认识你了,对于像我这样无力招架热情的人来说,那更麻烦。

这菜场还有一个突出的优点,逛菜场的人都知道。就像富有活力的河塘两边密密麻麻地依附着肥美的螺蛳,这个热闹菜场周边密密麻麻地开满了小店。这些小店具有和菜场相匹配的气质,谈不上什么门面,多狭小简陋,但都是经得住考验的本地美食哦。大饼油条豆腐脑、小笼生煎小馄饨、苔条黄鱼炸响铃、牛肉粉丝牛肉面、白斩熏鱼臭豆腐,真是市井气十足。尤其在周末上午,这几家小店生意尤其好,几张小桌子坐得拥挤不堪,大家就着大饼油条,舀着火热嫩滑的豆腐脑吃,虽然没人大声赞美,但吃的人和排队看的人都觉得心满意足呢。老实说,要是这样一直吃到老,那就是人生的大幸福了。

我也经常夹杂在其中凑热闹,有时买份现炸的熏鱼回家,就是中午现成的一碗菜。有时排在队伍里买大饼油条吃,除了带两份回家,还有一份我也就顾不得形象与营养,就站在街边开吃。大饼裹着油条趁热吃,酥酥脆脆喷喷香,味道"交关"(非常)好! 当然心里会祈祷:这满嘴饼渣的,可别让我碰到熟人! 你别说这大饼油条,端的是有魅力,有人说学校一外教爱上中国油条后,就经常站在油条摊边,人家炸一根他吃一根,后来干脆买了一筐回去!

　　说起来，我不仅爱去菜场买菜，就是出门旅游，也爱逛当地的菜场。到一个城市旅行，所谓"风土人情"，人家爱"风土"，喜欢看景点风光；我则喜欢"人情"，顶喜欢做三件事情：一是跳上当地的公交车，漫无目的地坐个来回；二是到当地人云集的小餐馆吃顿饭；三就是去逛当地的菜市场，开开眼界，当然是作为家庭"煮"妇的眼界。真的，如果没有这些活色生香的铺垫，我很快会对这座城市丧失记忆。《舌尖上的中国》总导演陈晓卿说，一切不去菜市场的城市旅行都是假正经。呵呵，这句话的表达当然比较激烈，但这种行为被专家如此肯定，总是让我窃喜呢。

（刊于 2014 年 5 月 22 日《宁波晚报》）

接地气

接地气,我这里说的是它的本意——接触土地的气息。当然,这气息不是来自我家阳台上那盆花,也不来自小区里修剪得非常精致的花丛,它来自那片自然存在的、广袤的土地。

宁波城区去往某县城,近年又新通了一条路,这条路一般人我还不愿告诉。因为这是条新路,路况好,车少,开车很享受。按说,开车是需要集中注意力的,但如果是大中午开上这条道,有时车少得简直是"前无古人,后无来者",所以总会有点空闲,容你往两边瞥一眼。

车子驶出城市的边缘,两边的建筑渐渐疏朗,很快就能看到大片的稻田,间或夹杂着一些农家小院。这一带的农家建筑似与别处的有些不同,色彩没有那么明媚,造型没有那么独特,就是普通的农家小院,但很规整,透着平静的富足,二层或三层,屋前一块平地,有圈围墙的,也有没圈的,家庭主妇们看了想必是喜欢的,可以大晒衣被,当然,二楼的栏杆也有的是地方可以晾晒。而那些小楼的周边,就是大片大片的稻田,或者是种着别的庄稼的土地。

虽然我看不到自己的眼神,但我知道我的眼里射出的一定是贪婪之光,深深地盯上一眼,仿佛要把这些刻进脑子里。有时真想停下车来去稻田里走一走,但总是有工作在身,所以匆匆赶路。坦白地说,我脑子里总忍不住盘算能不能去买一个这样的农家小院,小院周边围绕着农田、菜地,这样的房子才叫"接地气"!

我终于找了一个周末去那段经常路过的地方,把车停在路边,走向稻田小径。说是"走",其实我的心是"奔"过去的。深秋初冬的交替期,天气阴冷,稻田一片金黄,收割了的稻束成行成行地齐整地躺在地上,没收割的挤挤挨挨地齐整地直立着。我从来没有那么仔细地看过一株稻、一排稻、一片稻,我自己也觉得矫情。农家见缝插针,在田埂边种了萝卜、青菜、茭白。我看到萝卜缨下红红的萝卜半个露在泥土外,真想去拔出来剥了皮再咬上一口;青菜长得没超市里那么美观大方,但绿油油而舒展,这就是大地散发的气息吧?真想去割啊,刀子落在菜帮上清脆的声音、渗出的汁水，我确信我的想象和实际并无二致。

当然，我只是静静地看了会儿，然后蹲下来用手机拍照。

我小时候家在鄞州区万达广场那个地块，当然，这是按现在的说法。那个时候，和这里一样，屋子周边按季节的轮转，不是大片的油菜，就是大片的稻田，稻田多到还要请"割稻客"来帮忙。那个时候，不会觉得这是风景，这些本来就是生活不可分割的一部分。屋边有三垄短短的土地，父亲虽为教师，但毕竟是农家子弟出身，也会不错时节地种些蔬菜。印象最深的是，那时种的茄子、南瓜多到吃不完。茄子细细的、油亮油亮的，就这么一根根垂下来。

宁波人多有上海亲戚，我家也有。有次上海亲戚带一个三四岁的小男孩来，我的任务就是陪他玩。小男孩特别喜欢去邻居家的猪圈看猪，我只看到猪圈又脏又臭，可是他不觉得，他会嘀嘀咕咕地和猪说上海话，临走时，还哭着一定要去猪圈和猪说再见，这事成为全村人的笑谈。可是，我现在和他有什么两样？对着一株稻穗发呆。所不同的是，这个小男孩现已在一家洋快餐店当经理，而我父亲已是暮暮垂年。

我曾看到过一篇随笔，说的是有位机长驾驶飞机，每次飞越到某个山脉中的一条溪流上空时，总会表情复杂地向下凝望。副机长好奇询问原因。机长说，当初他还是小孩子时，常来到这条小溪旁钓鱼，每当有飞机飞过，他总会抬头凝望，渴望自己能成为那个驾驶飞机的人。副机长听了有点困惑，那你现在不是实现梦想了吗？机长感叹道："我忍不住想起以前那些美好的时光：山溪水的鸣唱是那样的清脆和悦耳，鱼儿上钩的瞬间是那样的令人兴奋和震撼……我想，如果我现在不是在天空飞行，而是在溪水边钓鱼，该有多好啊！"

人生就是这么充满矛盾，没有时空隧道可以穿越回去，所以只好找法子排解一下。于是突如其来的，近年来乡村游大热。这个乡村，不是那种开发精巧的农庄，而是真正的乡村。老树木屋、黄泥糊墙、鹅卵石径，无不散发出土地里久远的气息，这些几十年来被现代文明遗忘的角落，突然就成了众人的心头爱。今年国庆节，我的微信朋友圈里，铺天盖地的乡村游照片，真是越老越土越惊喜；曾经熟视无睹的稻田菜园，都成了取景地。

　　世界名著《飘》里，土地是女主人公斯嘉丽的精神家园，她只要一接触到自家陶乐庄园的那片红土地，她的精气神就会很快恢复。对此，她的丈夫白瑞德看得很清楚，说斯嘉丽就像"神话中的巨人安提厄斯，碰一碰大地母亲就会强壮起来"，说她"不能跟她心爱的那一片红泥离开太久的，那些浓密的棉树远比医生的滋补药品见效"。

　　也许人与土地的精神联系，是与生俱来的吧。人总是不能离开生养自己的那片土地太久，总是要接接地气才好，即使从家乡挖点土来在阳台种点菜，也能聊以自慰。

　　我蹲在稻田边，内心熨帖，也复杂。

（刊于 2015 年 1 月 9 日《宁波晚报》）

长发短发

　　我这长发好像养了好多年,秋冬季披肩,春夏季盘起来,偶尔去修剪一下,烫个发,染点色,倒也简单,不大去费心思。今年感觉烫过的头发干枯发黄,经常纠缠在一起,梳起来时总会扯下一把,突然就大不耐烦起来,于是下决心去剪发。

　　要把长发变成短发,需要下一番决心。中国人历来看重头发,所谓"身体发肤,受之父母"。而头发也确是"懂人心的",它会替你坦白"说话",决不遮掩,譬如遇到愤怒的事情就会"怒发冲冠",遭受重大打击或许"一夜白发"。你要是年纪小,那就是别人口中的"黄毛丫头"或者"黄毛小儿";你要是操心过度,就保不准"早生华发";即使养尊处优,也可能早早两鬓斑白,那估计是来自爹妈的遗传。所以,头发真是充满了历史的传承和生活的印记。我特别笃定的是,我七十多岁的老妈头上还是黑发占主流。我有时对着镜子起劲地找白发,女儿曾困惑地问,那你到底是希望找到呢,还是希望找不到?我不由讪笑,找到表明行动的成功,找不到表明遗传的成功。

　　既然头发"会说话",所以就不能免俗地希望它说中意的话,尽管有时真话不是那么入耳。科技如此发达,当然可以逼着头发改变"说法",或用颜色,或用曲直,或用长短。譬如把白发染成黑发,自然显得精神些;把黑发染成红发,当然表达奔放。短发一般表达干脆利索,而长发更多的是传递一种女人味,这种味道不外乎用柔顺、温柔之类的词来描述。所以很多谈恋爱的女孩子总愿意留一头飘柔长发,情歌唱起来也顺理成章,"穿过你的黑发的我的手"。而女孩子失恋了什么的,总要力图"斩断情丝",情不一定斩得断,"斩"头发丝总是可以的。所以看到女孩子突然把长发剪短了,短到男生头一般,总难免引起旁人揣测是不是失恋了什么的。

　　而人到中年,突然想去剪个短发,固然是图个干净利落,但同样也得承认有情感的刺激。因为到我这个年纪的女人,渐渐发现自己很难"柔顺"了,不但头发要分叉干枯,生活也变得此起彼伏。你再不能像孩子一样撒娇，父母已渐渐老去，乃至离你而去；你再不能像恋人一样耍赖，因为你丈夫只希望你别赖着他；当然也不好对孩子黏糊，因为孩子急欲展翅高飞。所以，这时候剪个短发，固然是生活的常事，却也隐含着人生某个阶段的特定意味。女孩子说自己是个"女汉子"，实在是有娇嗔的成分，而中年女人，或许真的是实打实的女汉子。所以说有人用"彪悍"一词来形容大妈，实在不是针对女人，而是感叹这岁月该有多粗粝吧？

理发师干脆利落地剪着发，头发纷纷落下，在他手里，头发只有发质好坏吧？或许他也不在乎发质，他在考虑是否能让我有更多的消费。而事实上，他也一直劝我烫个新发型或者染个新颜色，他不知这纷纷落下的不只是头发，也是我过往的岁月。我在不胜感叹里只想剪个短发，只留下刚长出的未曾烫过或染过的新发，我这样做，或许只想看到人生原本的模样，只想与过往作个了结。

突然想起来，女儿从小学到高中一直梳着马尾，头发蛮多，也蛮长，她隔一天就要洗一次头，还要吹干，颇费时间。有时功课紧张时，她做作业，我站边上帮她吹干头发。有时我不胜其烦，几次建议她剪个短发，她无论如何不答应。后来我才意识到，孩子在学校读书，整天穿着宽大的校服，为了活动方便，也从不穿校服裙。所以只留下马尾，也只有马尾，算是一个女孩子对性别与美所剩无几的念想，她当然不肯舍弃。现在她去读大学了，就把马尾放下来，变成"长发飘飘"了。再深想下去，好像我从小也一直梳的是马尾，而我母亲年轻时的照片上扎的是俩可爱的麻花辫，那比我们更有花样，或许也是因为那时生活没有多少花样。我母亲现在当然是短发，还是自个儿对着镜子剪的。前两天我和女儿视频聊天，我给她看我新剪的短发，她说她打算去烫个发尾。

她这个年纪，要做的当然是加法，而我这个年纪，已经开始做减法了。挺不错，加加减减，这世界自有其平衡之道。

（刊于2015年9月7日《宁波晚报》）

社区

关于结婚,有位女作家说过一句名言:"你不是跟他一个人结婚,而是跟他的所有社会总和去结婚。"其实,买房子也差不多这个理儿,你可以仿照说,你住的不是一套房子,而是跟房子所在的整个社区住在一起。我这样说的意思,无非是说买房子具有极大的风险。所幸我对我现在住了五六年的房子和社区比较满意。

一个新社区的成长是有一个过程的,如果开头坏了,接下来就不好掌控。但如果开局良好,那么就比较容易形成良性循环。我们社区属于后者。譬如小区里一开始就实行人车分流,车子都停在地下车库,地面是有设置一些停车位的,但如果居民非要停地面,那也是比较容易起纠纷的。小区居民没有表现出非要对着干的冲动,车子要么停外面,要么停地下。偶尔也会停地面,那是有点急事,很快就开走的。所以,小区里没有车来车往,散步就比较放松。大家享受到这个好处,也就更加自觉地维护这种做法。

住在社区和村庄是很不一样的,因为不同的房子架构营造出不同的交往模式。村庄是一个内部纵横交错的群落,彼此抬头不见低头见。小区则不一样,都是一幢一幢、一层一层的,横竖看都是一种平行关系,最多的交集点算是电梯吧?但在一个小小的密闭空间里,大家都只拘束地盯着跳动的楼层数。所以即使同住一个小区,一年都碰不到几次。一次我有事去敲楼下的门,门内的大妈还疑惑地问我是否刚搬来,令我汗颜。

不过虽然不熟,但居民的为人处世是能感受得到的。譬如自觉地做到人车分流;遛狗时带着报纸随手清理掉小狗的便便;小孩子相互玩耍出格的,总听到训斥自家孩子的居多;小区里的果树总是硕果累累,说明几乎没人随意采摘;小区有几块空地,只有一个地方被用来跳广场舞,但时间上、音量上相当节制,不存在"扰民"的迹象。更有意思的是,电梯里贴出了"温馨提示",譬如提醒居民不要乱丢烟头,我好几次看到下面有"跟帖","要多想想别人""善举"之类,很好玩,令人忍俊不禁,搞得我也想写上几句。

小区的保安队长感觉像是当过兵的,因为我时不时看到他在给保安们训练队列或者训话。他的口气比较严厉,但保安们脸上并没有反感的神情,显见平日里相处还是不错的。保安们很尽责,一直到很晚,都能见到他们骑了电瓶车或者走路,打着手电四下里巡查。我们从小区进出,保安都会主动打招呼。每逢台风来临是保安们最忙碌的时候,车子一驶进小区,他们马上就来指挥把车子停在地面,以免下到车库受淹,即使搞得大片的绿化受损、一地狼藉也在所不惜,这种"舍得"还是蛮让人感动的。

小区里有个小小的池塘,早晨我站在边上活动筋骨,感觉池塘里生态环境超好,现在正值盛夏,几株亭亭的荷花上纷飞着蜻蜓,水里成群结队的金鱼、其他小鱼儿、小螺蛳、小虾米,甚至还看到一只估计是田螺吧,是我从未见过的大,在缓缓爬行。心想,要是保安管得不牢,或者居民不爱惜,这么清浅的水面,或许早被捞光了。

社区虽然不大,但住着总有数千居民,这么多人基本都能做到有礼有节,也是蛮不容易的,所以我们社区还上过报纸呢。曾在小区里听到路人在指点说:"看看人家这个小区,多少(多么)清爽!"心里不免有点得意。看到网上有小区里起纠纷的消息,譬如居民与广场舞大妈起冲突,私自毁绿化搭违章建筑之类的,我总暗自庆幸,亏得我们小区还太平。有个二手房中介人士也说,房价是有点下来,不过你们这个小区的房价一直没下来过啊,卖出来的也非常少。原来房子还可以靠这样子保值,真不错!

(刊于 2015 年 10 月 16 日《宁波晚报》)

人到中年

人到中年了,说不出从何日起,旅游会选择去乡村。

喜欢看见那青墙黛瓦的小小村落,疏散在田野里,掩映在几棵树边,老式的、两层的,似乎向来就是旧旧的、斑驳的。然后,站在边上,更愿意坐在它的屋檐下,心如同受了抚慰,慢慢清凉下来。微风拂来,催了眠地想睡,那种薄薄的假寐,说不出的舒坦宽松。

青春年少时候,是只待见豪华的,高楼大厦,华丽壮观。梦想着要出国周游时,也是打算看这个的,看人家现代化到什么程度。看到老外来中国,专跑乡村,对着破旧家具拍照,以为是一种大大的矫情。而现在,和家人说起,要去那样的旧村庄时,孩子大为反对,在她眼里,是只爱色彩明媚、五颜六色的,旧房子叫她想起鬼怪故事,感觉恐惧。而父母一辈居然也大不以为然,这样的房子,他们住过多年,对其中的简陋、不卫生,总是持有一种避之不及的态度。

得不到共鸣,我觉出了自己的异样,开始留心自己,发现变化的还不只是这个。譬如,流行歌曲还是照样爱听,女儿嘴里唱的我也能应和,周杰伦的歌也喜欢的,看超级女声,比女儿还要积极地坐到电视机前。但是,当我手拿遥控器,路过戏曲频道时,停留的时间开始多了。越剧、京剧、豫剧,以前是绝没耐心看的。年少时看父母津津有味地看越剧,哥就忍不住搞怪:"娘子请,你从哪里来呀,是坐轿子还是坐轿车呀?"我也会在边上起哄,以为这实在拖沓无趣得很。现在看那些慢放镜头似的亮相、甩袖、吐词,千转百回,慢慢觉出点滋味了,仿佛把心的角角落落都熨帖到了,忍不住想击节应和了。现在打哥的手机,传来的是刘三姐悠长的"唱山歌来——",而他车里放的CD,也多是二胡、箫之类的民族音乐了。

中年的这个变化真是奇怪呀,毫无先兆。自己不经意间低头看,仿佛谁在宣纸上滴了一滴墨,悄无声息地,浸润开来了,先是不自觉地往那去了,等觉出自己的喜欢,才发现自己和以前已经有些不一样了。

自己也不知道是否欢迎这个变化,心犹困惑。

不经意间，我想起了年少时候非常喜欢，但现在无暇翻阅的名著《飘》最后一章里，白瑞德对郝思嘉说的一段话，仿佛有这个意思：

"我今年已经四十五，一个人到这样年龄，对于青年时轻易抛弃的那些东西已经都知道珍惜了——例如家族的观念、名誉、安稳……我觉得过去的日子实在也未尝不好，不过现在渐渐觉得乏味了，我要换换口味了。

"……思嘉，等你到四十五岁的时候，你也许会懂得我的意思，也许也会讨厌这种假冒的斯文，这种恶劣的腔调，这种廉价的情绪了。……现在我要到那些旧城市、旧乡村里去搜寻，因为那些地方一定还残存着一些旧时代的形迹。现在我颇有点伤感性。我觉得饿狼陀这个地方太时髦，有些不合我的胃口了……"

不得不承认名著的力量，让你看到自己，为人生提供慰藉。心有些释然，应该的吧，心理年龄到了，它就该来了。

那日，一家人去东钱湖乡村玩。坐在湖边的石级上，他们父女俩捡螺蛳玩。我灵机一动，让他们把螺蛳一字排开，让螺蛳"赛跑"，女儿兴奋地在边上喊加油。这水天一色的湖边，看螺蛳慢慢地翻转身，前前后后，都朝着湖水的方向爬下去了。

和童年联系的残存的链接，通往未来老年的悠闲时光，我站在中年的坎上，忍不住前后观望。

（刊于 2009 年 10 月《宁波日报》）

婺源影像

婺源早已美名远扬。

果然，一路上田野的绿与黄，与徽式建筑的黑与白，相衬得极为养眼，比其他乡村景点要雅致得多。不过在我看来，所谓风土人情，出去旅游，视觉盛宴是一部分，看到有意思的人，是更重要的一部分，这样旅游才有了分量。

李坑，婺源最有名的景点。看油菜花地，也瞧瞧边上的一排小摊，一元五角的讨价还价，买了小玩意儿。就这么一路笑嘻嘻地，到了村口，看到好大的一棵樟树，来前就听说这边樟树被切成一片片的售卖，放在衣柜里，天然的清香。然后不经意地，目光从树上落下，看到边上有位老婆婆守着个小摊，天蓝的褂，红头巾下满脸的皱纹。眼光迎向我，嘴好像轻轻动着，并没有一丝声音，但意思居然透过她微眯的眼中表达出来了：有一点等待？有一点友善的笑意？有一点害羞的勇敢？我写不出来，反正一点也不似我所熟悉的做小生意人的眼神，更不是我所常见的老人的木讷眼神，叫我心生柔软。我不是个外向的人，有些不知所措，稍稍绕开她，走了过去。走远了，又忍不住回头，心里竟生出一丝内疚。我告诉同行的友人，那个村口的老婆婆，可以给她拍一张，拍她那眼神。友人说，她还不够老。我说，她的表情很有意思。

继续在村里游历。这个村子够大，也保存得够好。看房子，斑驳的，密密挤在一起；看挂着的红灯笼，鲜艳的；门边的小店，店主热心的招徕；低头做竹筒雕刻的、河边洗衣服的人们，很专心地，并不曾抬起头看街上的来往游客；村里狗很多，即使有外形吓人的，也从未对我们这些陌生人吠过一声，它们只低着头嗅嗅你的脚边，我们大为惊奇，细瞧这狗的眼神，竟都是温顺的，一点不认生。

我们在街边的小店用午饭。其实没有一点店面的意思，就是村民的家，本地鸡、后屋现拔的青菜、自酿的米酒。热情的女主人烧着菜，大家坐在前堂的八仙桌前打牌等吃饭，很有到乡村走亲戚的意味。我四下里随意逛，柴房里用木屑烟熏着鱼肉，厨房里瓶瓶罐罐的，腌着辣椒萝卜，二楼开设了几间简易客房,二十元一间。我和这家媳妇聊天,逗她怀抱里的小娃娃玩。一个旅游胜地,一个古朴乡村,两者叠加在一起该是什么样子?村民回不到从前的宁静生活,游客要看的"风土人情"也失去原汁原味了罢?不过双方显然都愉快地接纳着。

　　一直惦记着那位老婆婆,我走回到村口时,径直走向她的小摊。老婆婆抬起头,微眯的眼透出笑意。她的小摊没什么东西,就三四把小梳子,几块香樟树片,都有些陈旧,我拿起一把,老太太伸出两个指头,嘴里嘟哝着,"两块"。这时我意识到,刚才第一次为何没听到她的声音了。因为老太太不会说普通话,估计是看乡亲的口形学的,人老了,声音含糊不清。但是,她慢吞吞地跟我比画着,"告诉"我她有八十多岁了呢。这神情仿佛是一个小孩新学了一样本事,急等着大人的表扬。我的神情肯定是惊奇的,她的表情里是不出所料的满足与自得,当然,也是不出我之所料。在她天真无邪的笑意里,我突然有种回到童年的感觉,掩饰不住笑意,有种想调皮捣蛋一下的冲动。我装模作样地挑着梳子、树片,引她和我"说话",探讨这梳子、树片怎么用之类的,留恋在她身边的感觉。这时,有几位游客也围上来了,我随便买了几种,不好意思再磨蹭,抽身离开。

　　友人告诉我,他已经给那老婆婆拍了照。"但她和其他老年人没什么两样啊。"我解释了几句,发现还是没有能力表达这种触动。回来后,我好几次端详电脑里那几张照片,虽然没有捕捉到那种神情,但实在也想找一个说服朋友也说服自己的理由。

　　她显然不是我所熟悉的城里老年人,注重保养善打扮,年轻得没法称"老人",如同对少年老成的儿童丧失逗一逗的冲动,我对年轻的老年人也没法产生依恋。这位老婆婆的外表是我想象中真正"老去了"的样子,想必经历过人世坎坷,但这一切让时间像风一样吹得不知去向,满脸的皱纹,颤巍巍的举动,不是沧桑感,只是纯粹的老了,就像这身边的大樟树,随季节安然老去,安详顺从,与世与命无争。但她就如朋友所言,是一个普通的乡村老人吗?显然也不是,她好像理解社会的变迁,不抗拒变化,但也不过分迎合。学着做生意,但又不向商人的精明发展。她的眼神羞怯而勇敢,非常灵动,似乎老了又发现一件有意义的事,觉得自己还大有价值,有点自得。又像老树没有到了无生机的程度,春天来临,枝头绽放嫩芽,叫人惊喜,也许这才是最有意思的地方罢。

我有些恍然地觉出婺源、老人是同样气质的。她们不向现代社会的高楼林立、幕墙玻璃里发展,依然是青山脚下的白墙黛瓦,明媚油菜花掩映下的陈旧斑驳,顺其自然地沉静着,一年又一年。当外界影响渗透进来时,也不抗拒和拘谨,悦纳了。不刻意、包容、平和。婺源有一个气场,引诱你回去:一种顺其自然的日子,一段绕膝祖父母的时光,一个所有负累都不成为负累的地方。累了,回来了。

(写于2010年5月11日)

中年阳光

午餐后，阳光正明媚。我一个人站在窗边，戴上耳机，听许巍的《蓝莲花》。闭上眼，仰起头，随着音乐微微摇晃，感觉这音乐和着阳光，普洒下来，从头到脚，犹如沐浴，把身体的酸痛、精神的疲倦悄然浸泡。每一个细胞得以舒展，内心文字涌动，迎向阳光。

真好，难得的闲暇时光，也许一天里，就只有这几分钟到十几分钟，但是已经足够，下午又将全身心投入工作。

人到中年，手头总有做不完的事。好朋友也是难得见面，偶尔电话联系，说的都差不多：忙死了。工作是有乐趣的，每完成一个，也有成就感，但累也是毋庸置疑的，倒不见得是加班到深夜，而是脑子经常在想，怎样才能更好。下班回家还得当回"家庭煮妇"，忙完后就懒得动了，常倚在床头看电视，或者上网打小游戏，什么都可以想，也可以什么都不想，把自己放逐在那不动脑筋的简单世界里。

就这样过了一段时间，然后，会有一天，像我现在，被许巍的歌声打动，无论如何，就忍不住了，戴上耳机，打开电脑，开始我的精神之旅——写出来。我一直没用"写作"这个词，潜意识感觉那是作家的活儿，我只是觉得自己"喜欢文字表达"。似乎也唯有文字，能将我想说的如此清晰地表达出来。也说不上随笔还是散文，只是写一些自己内心的东西，不是学术论文，不是单位的材料，一些生活中的感受体会而已。

而当我写这些时，我向来喜欢有音乐相伴。戴上耳机，把周边的声音都隔绝在外了。

有时，我的文字就随意地跟着音乐走，听忧伤歌曲的时候，我写出的文字容易沾上忧伤；听明快歌曲的时候，我写出的文字不免轻松；如果旋律越来越激烈，可能我的文字也越来越急促。所以，一篇小文里我往往只听一首歌曲，否则，我的文字风格就不统一了。

有时，我的冲动会被某一段音乐唤起。所以，码字的时候，会刻意地、反复地放某一段音乐。这一段音乐，仿佛是一段回忆的入口，令那些经历过的事情、心情一一被回忆起来，在旋律里一一呈现出来，释放出来,有时叹息,有时微笑,有时眼含热泪。工作与生活的酸甜苦辣,这一刻全是有美感的。

所以,在我的爱好里,音乐和文字表达是一回事。也只有在两者的糅合之间,我的听觉、我的内心才能纯粹起来。我终于发现,自己不是一个能够自立的人,无法仅靠自己的力量走下去,只有在这音乐里借助文字表达,才能滋长出一种人生的力量。不过,我承认,我是个音盲,不认识五线谱,甚至简谱,也记不住谁作词、谁作曲。我也不是哪一种音乐的"粉丝",我的手机里存着五花八门的音乐,流行的、古典的,中国的、西洋的。但是,我将它们视为我人生的一部分,这样是否足够热爱?

热爱一种,无须多,也谈不上高低贵贱,只要喜欢就是养分。你所爱的乒乓篮球,或者养花饲草,或者钓鱼下棋,和那个路边小店铺老板爱弹那把破旧的电子琴,一个拾荒人三轮车车兜里一直放着的一只小脏狗,都一样,一样有力量帮着撑起一段,乃至一生。

前些天,我在北京出差。街头柳絮纷飞,像极了冬日漫天的飘雪。那一刻,站在街头,我心头涌起很奇异的感觉,不知身处何时,心在何地。这时凑巧地传来许巍的歌声:"心中那自由的世界,如此清澈高远。"一切都回来了。

（刊于 2009 年 4 月 30 日《宁波晚报》）

触手可及的快乐

记得近十年前,老公带回来一只蛋糕,蛋糕本不算稀奇,稀奇的是这是朋友家人亲手做的。这礼物太珍贵了,也太神奇了。我第一次知道,原来蛋糕还可以自己做。

不承想,这几年烘焙热潮很快地蔓延开来。去年女儿过生日的时候,她有一位就住相邻的小区的同学,送过来一盒饼干,还带着微微的热气,说是刚和妈妈一起做的!十来块饼干装在一个细长的盒子里,外面还打了个蝴蝶结,精致得不行,也真的非常非常好吃!我和女儿一边吃,一边赞不绝口。我敢说,这是我女儿印象最深刻的生日礼物,也是我印象最深刻的饼干,更使我对那位妈妈深感敬佩。你想,能和儿子一起给他的女同学做饼干吃,多开明、多有爱心的妈妈!

听着谁谁做出了美味的比萨、蛋糕的传闻,看着网络论坛上时不时贴出的烘焙美图,搞得我心痒痒的,可一查阅做法,什么低粉多少克、黄油多少克,真够烦琐。我数学不好,连带着看到数字就头大,于是立马投降,转而"主攻"中式点心。咱中国人历来讲究"模糊数学",从来不写什么东西几克,只说一匙半勺的,只可意会不可言传,这个境界我喜欢。

网络的好处就在于,什么问题都能查到答案,当然需要筛选比较。新手上路,先买懒人版的自发粉,对着电脑"依样画葫芦",从自己喜欢吃的生煎包子做起。开始时总是发不好面,揉了半天,面团还是僵僵的,但几次下来,就能够做到行家所谓的"三光","面光、手光、盘子光",得意得不行。这面捏在手里还特有感觉,嗅一下有非常纯正的面粉香。我突发奇想,如果开发出类似面粉香的香水,是否会有人感兴趣?除了做成包子,我还喜欢摘下一团来,捏在手里把玩,跟捏泥人似的。女儿对我的举动作如下注解:"唉,你主要是没上过幼儿园。"

虽然水平不咋地,但装模作样总是会的,包子底要煎得焦焦脆脆的,上面撒上葱花和芝麻,急不可待地拍照发给朋友,想着对方被唬住的表情,自己先乐了。我终于明白,为什么有些人烧了菜,总不厌其烦地拍照上传到网络,原来做点心也算是一种求肯定的社交语言。我突然想起

《围城》里的揶揄，"好比女人穿中西各色春夏秋冬的服装，做出支颐扭颈、行立坐卧种种姿态，照成一张张送人留念的照相"。不禁莞尔。

新手与大厨的区别不仅在于水平，更在于态度。包子熟了之后，大厨一般会淡淡然看着顾客吃，对方任何赞美都在大厨的预料之中。而我这个新手刚做好包子，自己先急不可待地吃一个，觉得美味得不得了，然后献宝似的端给家人吃，不错眼珠地盯着他们的表情，一边不惜口干舌燥地求赞美："怎么样，好吃吧好吃吧？"估计我急切的眼神就像一把刀，吓得他们还没吃呢，就慌不迭地吐出一个"好"来。

我发现，很多东西是可以举一反三的，面粉发得好了，就可以生发出各种点心来，拌上一点红糖水，就成了红糖馒头；裹点豆沙进去，就成了豆沙包；搓得细长些，丢油里一炸，虽没有油条的范儿，却有油条的味儿。我得意扬扬地对女儿说："你看，你妈最厉害的一点，就是自学能力超强，什么都能学会……"女儿经常被我的话笑翻："哈哈，我怎么有你这么个妈，超自恋啊——"虽然老妈是用来被尊敬的，但偶尔被女儿"鄙视"一下，自己也直乐。

最近，小区里开出了一家供应烘焙原料的店。我和女儿散步过去一瞧，真不错，什么东西都有，什么低粉、高粉、抹茶粉，还有各式蛋糕模具，价钱也不贵，女儿赶紧撺掇我买。老板说开这个店差不多筹备了一年的时间，挺费了一番心思的。他给我们打印了一张纸，上面有最简单的蛋糕做法，让我们去试试。我还买了根擀面杖，心里惦记着擀面皮做饺子。

按照这个配方，蛋糕是做成了，水平再差，面粉、鸡蛋搅拌在一起放进烤箱烤，如果不那么计较的话，吃起来总归是蛋糕味，绝不会有包子味。但这个程序还是让我头大，忙着要对原料一一过秤，蛋黄和蛋白分离，四个蛋白要打成泡沫状……我很纳闷地对女儿说，为什么大家都那么喜欢做西点？咱中国点心博大精深，简便实用，像鸡蛋饼做法多简单，面粉加水一调和，锅里一摊，打个鸡蛋下去，再撒点葱花和火腿末，色香味俱全，不比你这比萨差吧？这西点单看热量就够高了，还要加什么黄油、白糖，这才做几个小蛋糕，就要打四个鸡蛋下去，还要蛋黄蛋白分离，够麻烦的！女儿不以为然地说，西点做出来漂亮精致啊，包子之类的玩不出什么好看花样。

　　回想三十年前做学生时写作文，展望实现四个现代化的2000年，大家展开丰富的想象力，过犹不及者甚至说只要睁开眼，从洗脸刷牙到喝牛奶吃蛋糕，机器人都能帮你送到嘴边，你只需张嘴就好。而几十年过去了，差不多的生活果然实现了，如果你愿意，你完全可以只顾工作赚钱，别的什么都不用操心，大型超市里琳琅满目的商品，随处可见的便利店和快餐店，摁几个电话键或者电脑键盘，就有人把吃的用的送到你"府上"。不过人们并没有爱上这种"只剩下吃"的生活，另一种浪潮也随之席卷而来：有人开始舍弃汽车而选择步行，自谓"驴友"；有人找地方栽种瓜果蔬菜，热衷于当另类农民；越来越多的美女开始自称"吃货"，从餐厅转战到自家厨房；有人则日晒雨淋地去当个渔夫，却把钓来的鱼四处送人。

　　也许真正美好的生活是，除了必需的工作，人们终于有闲心去做那些纯属个人兴趣的事情，跟孩子玩泥巴似的那种兴趣，在那一刻，很纯粹，很享受，别无他求。

　　当我正写这篇文章时，无意当中把手托在腮边，闻到手上有一股淡淡的奶香，那是刚才我和女儿做饼干留下的痕迹，也许这就是生活的质感，这是一种触手可及的快乐，是我们能够触摸到的最真实的生活的美。

　　（刊于2013年5月16日《宁波晚报》）

后　记

　　这本书的内容主要来自多年前发表在报刊上的一些随笔。在积累了一定的人生阅历与教育底蕴之后，现在以旁观者的角度回望，发现当初信手写来的文字中蕴含了较多的教育意味，这使得我产生了整理的兴趣。

　　这本书是成家立业的人生笔记，陪伴孩子成长的生活感悟，教育工作者的专业观察，多重角色交织下的记录。这些记录不是旁观的、冷静的、理性的，而是作为生活在其中的当事人与亲历者所言说的，充满了生活的"活色生香"，隐藏其中的则是"教育"二字：传统美德的传承、学校教育的影响力、个体主观能动性的力量、兴趣爱好的意义与价值等。

　　教育理论是理性的、抽象的，而教师的职业生涯与日常生活交织在一起，是感性的、具象的，充满了各种片段、情节与细节，也许看起来琐碎、平凡，但当你回望时，你一定能在其中看到教育的意义与影响力。教师穷尽平凡的一生，也许就是在理论和实践当中不断穿梭与探索，感受教育之美，努力让孩子们拥有更好的发展空间。

　　一个人的健康成长，需要很多因素的支撑，主要的也无非就是家庭教育潜移默化的影响，老师深切的期待与适切的教育，同学伙伴的相互关心支持以及自己的兴趣爱好与特长。能拥有全部最好，即使只能有一种，也足以支撑一个人的发展；但若全部缺失，那么人生真的会比较艰难。如果我们深谙这一点，那么我们就会为学生多做一些事情，这也是我为何把这些素材整理出来的原因，也许从这些素材当中，你会找到一些"做好教育"的细节。

　　作为一名教育工作者，并不是一走上工作岗位就能称职和胜任的。

作为一名家长，也是在陪伴孩子成长的过程中逐渐成熟起来的。一个人的成长，是一个不断修炼的过程，"路漫漫其修远兮"，的确如此。我很庆幸自己在这个过程中记录了很多人生感悟。这些感悟，丰富了我自己对教育的理解，拓展了我的专业底蕴，使我的专业发展乃至人生都获益匪浅。当然，在这个过程中我得到了女儿的支持，她经常处在"镜头"下被观察与研究，但她始终对"可能会帮助到其他学生"这一点表示宽容与理解，对此我真心感谢她。

　　我把这些随笔从"学校生活的意义""一个人的成长""关于传承的教育""探索世界的奥秘""教师的生活角色"五个层面作了分类，这是我所提供的阅读视角，也希望这些角度成为引发思考的素材。我也把随笔发表的时间列在了后面，想表明这些都是在当时年龄、时间线所获得的信息与思考。现在，当我回过头去看，虽然后来的人生阅历肯定能给予更丰富的补充，但我并不打算这么做，因为时间节点也是解读教育场景的一个很重要的元素。

　　2022年，诺贝尔物理学奖有个关键词叫"量子纠缠"，对于我这个经常感叹"世界真奇妙"的人来说，自然格外有吸引力。可惜，即使科普类的解读也不能帮助我这个物理没啥底子的人很好地理解相关原理，但是类似"两个暂时耦合的粒子，不再耦合之后彼此之间仍旧维持关联"这类表达，还是比较能打动我心的。我觉得这个蛮像关于"教育"的描述。我们给予学生的教育影响，那些耐心的劝导、积极的鼓励、默默的陪伴与宽解，那些"暂时耦合"的片刻时光，都可能成为他们毕业之后念念不忘的温暖与力量，大家各自成长，共同守望，这就是我们选择教师职业的意义，也是我们愿意为之付出的原因。

写于 2022 年 10 月 7 日